なぜ私は戦い続けられるのか

櫻井よしこの守護霊インタビュー

大川隆法
RYUHO OKAWA

まえがき

女性にして保守の言論人の代表格の櫻井よしこさんについては、もっとどんな人か知りたいと思っている人は多かろう。先日も、朝日新聞の思考回路について、他紙の第一面に堂々の批判を展開していた。この信念や戦闘意欲は一体どこに由来するのか。私ならずとも知りたい人は多いし、数多くの女性のファンもそう感じているだろう。

今回、櫻井さんには面識もなく、発言全体についても十分な事前調査ができていないことも承知の上で、潜在意識の霊査に入った。いわゆる守護霊インタビューである。

秘《ひそ》かにご尊敬申し上げている者として、その本質を世に知らせる非礼をお許し願いたいと思う。

二〇一四年　二月四日

幸福《こうふく》の科学《かがく》グループ創始者兼総裁《そうししゃけんそうさい》　大川隆法《おおかわりゅうほう》

なぜ私は戦い続けられるのか　目次

なぜ私は戦い続けられるのか

——櫻井《さくらい》よしこの守護霊《しゅごれい》インタビュー——

二〇一四年二月二日　収録
東京都・幸福の科学　教祖殿《きょうそでん》　大悟館《たいごかん》にて

5

「霊言現象《れいげん》」とは、あの世の霊存在の言葉を語り下ろす現象のことをいう。これは高度な悟《さと》りを開いた者に特有のものであり、「霊媒現象《れいばい》」（トランス状態になって意識を失い、霊が一方的にしゃべる現象）とは異なる。外国人霊の霊言の場合には、霊言現象を行う者の言語中枢《ちゅうすう》から、必要な言葉を選び出し、日本語で語ることも可能である。

また、人間の魂《たましい》は原則として六人のグループからなり、あの世に残っている「魂の兄弟」の一人が守護霊《しゅごれい》を務めている。つまり、守護霊は、実は自分自身の魂の一部である。したがって、「守護霊の霊言」とは、いわば本人の潜在《せんざい》意識にアクセスしたものであり、その内容は、その人が潜在意識で考えていること（本心）と考えてよい。

なお、「霊言」は、あくまでも霊人の意見であり、幸福の科学グループとしての見解と矛盾《むじゅん》する内容を含《ふく》む場合がある点、付記しておきたい。

なぜ私は戦い続けられるのか

――櫻井《さくらい》よしこの守護霊《しゅごれい》インタビュー――

二〇一四年二月二日　収録

東京都・幸福の科学　教祖殿《きょうそでん》　大悟館《たいごかん》にて

櫻《さくら》井《い》よしこ（一九四五〜）

ジャーナリスト、国家基本問題研究所理事長。クリスチャン・サイエンス・モニター紙東京支局の助手、アジア新聞財団「DEPTH NEWS《デプスニュース》」記者、東京支局長、NTVニュースキャスターを経て、現在に至る。二〇〇七年にシンクタンク、「国家基本問題研究所」を設立し、国防、外交、憲法、教育、経済など幅広《はばひろ》いテーマに関して日本の長期戦略の構築に挑《いど》んでいる。

質問者　※質問順

綾織《あやおり》次郎《じろう》（幸福の科学上級理事 兼《けん》「ザ・リバティ」編集長 兼 幸福の科学大学講師※）

武田《たけだ》亮《りょう》（幸福の科学副理事長 兼 宗務《しゅうむ》本部長）

仲村《なかむら》真《ま》理《り》依《え》（幸福の科学理事 兼 宗務本部第二秘書局長 兼 政務本部総裁秘書）

［役職は収録時点のもの］

※幸福の科学大学（仮称）は、2015年開学に向けて設置認可申請予定につき、大学の役職については就任予定のものです。

1　保守論客《ろんきゃく》・櫻井《さくらい》よしこ氏の守護霊《しゅごれい》を招く

霊言《れいげん》収録のきっかけは各紙に掲載《けいさい》された「意見広告」

大川隆法　今日は、女性の保守系言論人として長らく活躍《かつやく》されている櫻井《さくらい》よしこさんの守護霊《しゅごれい》に挑戦《ちょうせん》してみようかと思っています。

ちなみに、一昨日、NHK会長の守護霊霊言《れいげん》を収録したときに、「NHKのキャスターとして、櫻井さんを起用したらどうか」というような話題も出ていました（『NHK新会長・籾井勝人《もみいかつと》守護霊本音トーク・スペシャル』〔幸福の科学出版刊〕参照）。

また、昨日（二月一日）の日本経済新聞には、櫻井さんの写真入りで、意見広告が掲載《けいさい》されたのです。

都知事選の選挙期間のど真ん中ぐらいで、「あなたは原発問題だけで都知事を選びますか」という広告を堂々と出したので、女性というよりは、〝男ぶりがいい〟という感じがしましたし（笑）（会場笑）、「うっ！　やられた」「すごいな」とも思いました。

当会は、今回の都知事選について、「もう十分に意見を述べたからいいだろう」と考え、少しおとなしくしていたのですが、選挙期間中に堂々と載《の》せてきたわけです。

その広告には、「原発の賛否を都知事選の唯一《ゆいいつ》の争点としてしまってよいのでしょうか」という言葉もありましたが、相変わらず、今日の新聞等には、原発関連の記事がだいぶ載っていました。また、昨日、開催《かいさい》された「東京都知事選　候補者ネット討論」でも「原発の是非《ぜひ》」が討論されたようです。

さて、先ほどの意見広告には、さらに、「日本のエネルギー自給率はわずか四パーセントです。巨大《きょだい》電力消費地の東京都が原発ゼロで火力発電に頼《たよ》り続けてよいのですか。CO_2や大気汚染《おせん》物質の排出《はいしゅつ》増加を受け入れますか。電力料金の高騰《こうとう》に耐《た》えられますか。中小企業《きぎょう》の衰退《すいたい》を座視《ざし》するのですか。増える失業にどう対応するのですか」といったメッセージが並んでいます。

また、「候補者に代替《だいたい》策はあるのでしょうか。具体策も示さずに、原発ゼロの旗を掲《かか》げるのは無責任です」とあります。これは、特

東京都知事選の選挙期間中に大手４紙に掲載された意見広告〔1/29（水）産経新聞・朝刊（全国）、読売新聞・朝刊（東京本社版）、朝日新聞・朝刊（同）、2/1（土）日経新聞・朝刊（全国）より〕。

定の人を指した言い方かもしれませんが、代替策について述べている人もいることはいるでしょう。

しかし、意見文は、「原発を止《と》めたことによりわが国はいま化石燃料の輸入に年間約四兆円も余分に支払《しはら》っています。日々約一一〇億円を余計に燃やしていることになります」と続くわけです。

そして、「少子高齢《こうれい》国家日本の首都には数多《あまた》の課題が山積《さんせき》しています。成熟国家の首都の選挙がポピュリズムにまみれることを懸念《けねん》しています」と締《し》めくくられ、「公益財団法人 国家基本問題研究所 理事長 櫻井よしこ、副理事長 田久保忠衛《たくぼただえ》」とあって、何十人かの名前が載っていました。

私は、この記事を見て、「なかなか、やるな」と思い、今日の「なぜ私は戦い続けられるのか」という題を考えてみたのです。

オウム事件の際に受けた櫻井よしこ氏の印象

大川隆法　櫻井さんは、一九四五年十月生まれなので、私より十一歳《さい》ぐらい年上になりますが、女性が七十歳近い年齢で、今も頑張《がんば》っているのは、本当に大したものだと思います。

　前述したように、ＮＨＫの籾井会長の守護霊にインタビューした際、質問者が、櫻井さんについて、「ＮＨＫで起用したらどうですか」と言ったところ、「もうちょっと若いほうがいいんじゃないか」というような答え方をしていたので、「さすがにそれは失礼ではないか」と思ったのですが、まさか、ＮＨＫの会長と年が近い方とは思いませんでした。私は、「もう少し若いので

2014年1月31日に収録された、ＮＨＫ会長・籾井勝人氏守護霊の霊言。（幸福の科学出版）

はないか」と感じていましたし、この方は、〝永遠の四十代〟に見える人ではあるのです。

振《ふ》り返ると、一九九五年のオウム事件のときには、民放のキャスターだったわけですが、オウム教の広報部長だった上祐《じょうゆう》氏と、かなり長い対談をしていました。それは、テレビを通じてのものであり、上祐氏はスタジオに来ていなかったと思います。櫻井さんは、「本当にやっていないんですか」と、しつこく繰《く》り返していましたが、上祐氏のほうは、「やってません！　うちではない！」と言って、ずっと白《しら》を切っていました。

最後のほうでは、櫻井さんが、かなり涙《なみだ》ぐみながら、「本当に、それでいいんですか」と、押《お》していっているのを見て、「何か、心のなかに秘《ひ》したものがあるのではないか」という感じを受けました。

そこには、ジャーナリストとしてだけではないものがあったように思います。

もっと、宗教者としての良心に訴《うった》えかけているような感じを私は受けたのです。

櫻井よしこ氏の興味深い経歴

大川隆法　この人のジャーナリストとしての仕事は、テレビ等が多く、私もそれほど観《み》ていないため、私が今日の霊言をするのがふさわしいかどうか、また、成功するかどうか、分からないところがあります。

もちろん、論壇《ろんだん》等で書いているものには目を通してもいますし、出された本も何冊か読んだことはありますが、政治的な考え方については、私の発信しているものと、そう大きくは変わらないと感じています。渡部昇一《わたなべしょういち》さんたちのグループとも、それほど距離《きょり》のない方なのではないでしょうか。

ただ、その出所《でどころ》が、どのへんなのかは分かりませんし、宗教的な面についても、よく分からないところがあります。

ちなみに、ベトナムで生まれたという点も分からないところではあるのですが、ベトナム生まれで、ハワイ大学歴史学部を卒業し、「クリスチャン・サイエンス・モニター」という新聞の東京支局に勤務して、ジャーナリスト人生を始めました。

その後、アジア新聞財団「DEPTH NEWS《デプスニュース》」記者、東京支局長を経て、NTV（日本テレビ）の「NNN今日の出来事」のニュースキャスターを長く務めています。

「クリスチャン・サイエンス・モニター」は、アメリカのボストンに本部があるのですが、以前、視察に行ったことがあります（注。クリスチャン・サイエンスへの視察については、一九九六年に「アメリカ宗教事情」と題した説法《せっぽう》のなかで触《ふ》れた）。十階建てか二十階建てぐらいの大きなビルを横倒《よこだお》しにしたような本部で、高さはないものの、横に広がった敷地《しきち》に非常に長いビルがあるような感じでした。また、すべてを見たわけではないのですが、ほとんどが新聞社のように見える本部でもありました。要するに、建物のうち、新聞社の部分がほとんどで、そこに宗教の本部がくっついているような感じに見えたのですが、その宗教が、クリスチャン・サイエンスです。

「生長《せいちょう》の家《いえ》」にも影響《えいきょう》を与《あた》えた「クリスチャン・サイエンス」

大川隆法　これは、一八〇〇年代後半に起きた宗教であり、エディ夫人が始めました。彼女は、たいへん惨《みじ》めな生活のなかで貧困《ひんこん》に苦しみ、病気にも悩《なや》まされていたのですが、神の啓示《けいじ》を受け、「心の力で病気が治る」ということを発見し、その後、別人のようになったわけです。日本で言えば、ち

クリスチャン・サイエンスは、1879年に、メリー・ベーカー・エディによって、マサチューセッツ州ボストン市で創設された。写真奥はクリスチャン・サイエンスの本部である第一科学者キリスト教会。右手の長いビルは、新聞社であるクリスチャン・サイエンス・モニターの本社。

ょうど黒住教《くろずみきょう》の開祖《かいそ》の体験にも似ているかもしれません。

また、時代的に、このクリスチャン・サイエンスという宗教は、生長《せいちょう》の家《いえ》にもそうとう影響《えいきょう》を与《あた》えていると思います。

私も、英語で書かれた『クリスチャン・サイエンス』という本を、そこで買いましたが、生長の家の初代総裁である谷口雅春《たにぐちまさはる》氏はだいぶ影響を受けたようで、彼が、「本を読んだだけで病気が治る」というような教えを始めたのには、クリスチャン・サイエンスの影響がかなりあったのではないでしょうか。

クリスチャン・サイエンスについては、宗教として受け入れられているのかどうか、十分には分からないのですが、クリスチャン・サイエンス・モニターという新聞自体は、受け入れられるのに時間はかかったであろうものの、今では、クオリティ紙として、けっこう評価が固まっています。なかなか立派な内容のジャーナリズムを展開しているとのことで、かなり高い評価を得ているらしいのです。

そういう意味では、幸福の科学における月刊「ザ・リバティ」（幸福の科学出版刊）のようなものでしょうか。「『ザ・リバティ』には、宗教が付いているけれども、硬派《こうは》であり、ピシッと言うべきことを言っている」というような感じなのかもしれません。そのように、言論については非常に評価が高かったように思います。

ただ、その後、医学がかなり発展したこともあり、また、アメリカ自体も医学の先進国であるため、宗教としての「本を読んだだけで病気が治る」というような思想は、それほどメジャーではないでしょう。もちろん、幸福の科学でも、「心の力だけで病気を治せる」という教えを説いてはいますが、クリスチャン・サイエンスのほうは、宗教的に厳しいのではないかと感じています。

櫻井さんが、そこの信者かどうかは知りませんけれども、就職したところをみると、おそらくハワイにいたときあたりに、多少の親和性を得られたのではないでしょうか。

あるいは、英語ができるので採用されただけなのかもしれませんが、詳《くわ》しくは分かりません。

クリスチャン・サイエンスの宗教思想の影響《えいきょう》はあるのか

大川隆法　クリスチャン・サイエンス系の政治思想について、私はよく知らないのですが、その宗教思想は、「心の力で病気が治ったりする」という、「思いの力」を重視する考え方で、アメリカの「ポジティブ・シンキング（積極思考）」の例として、よく出てくるタイプのものです。

そのため、確かデール・カーネギーの著書にも、このエディ夫人のことが少し出ていたように思います。「一時期、他人の家に転がり込《こ》んでいたものの、やがて雨のなかを外に追い出され、ずぶ濡《ぬ》れになった、みすぼらしい小柄《こがら》な女性が、その後《ご》、大きな宗教をつくった」という話が出てきていたような気がするのです。私は、ボストンに行ったとき、エディ夫人の霊と直接に話をしたことがあるのですが、そのときの印象自体は、もうひとつでした。当時は私の英語が下手だったので、意思がそれほど通じなかったのかもしれませんが、あまりスムーズな会話にはならなかったことを覚えています。

その宗教的影響《えいきょう》が、どのように、この人（櫻井氏）に出ているか、私には分かりかねていますが、出ているものを見ると、かなり保守系の思想として出てきているような気はしています。

櫻井氏の守護霊は女性なのか

大川隆法　そういうことで、十分には調査できていないのですが、この人の潜在《せんざい》意識である守護霊と話をして、考え方の筋や思想の原点、今の日本が抱《かか》えている問題や外国に対する考え方、当会に対する考え方などについて、いろいろと〝球《たま》〟を投げ、訊《き》いてみたいと思います。

女性論客《ろんきゃく》として保守系で活躍しているのは、この人と、年は一回り上になりますが、曽野綾子《そのあやこ》さんぐらいでしょうか。あとは、それほど目立つ人はいないように思うので、確率的には、かなり数が少ないのではないかと思っています。

ただ、この人の守護霊が女性であるかどうか、若干《じゃっかん》、疑問があり、もしかすると、昨年（二〇一三年）、幸福実現党の党首の霊査《れいさ》のときに経験したように、守護霊が男性であることもあるので（『釈《しゃく》量子《りょうこ》の守護霊霊言』〔幸福実現党刊〕参照）、その場合には、ご本人のイメージが揺《ゆ》らぐ可能性もないわけではないのですが、許してもらえるでしょうか。どうでしょ

2013年8月4日に収録された、「釈量子の守護霊霊言」。（幸福実現党）

うか。

ただ、男性であろうと女性であろうと、守護霊はできますし、キリスト教系統の人であれば、生まれ変わりということを、あまり気になさらないでしょうから、「守護霊としてついているものが男性か女性か」ということは関係ないかもしれません。

櫻井さんの場合、男性が守護霊であることもありえますし、仕事的には男性が守護霊でもおかしくはないでしょう。

何となく〝感じるもの〟がないわけではありません。守護霊として女性が出てくると、ご本人にとっては、いいだろうと思いますが、もしかしたら、釈党首のようなことになる可能性もなきにしもあらずで、そのときには、笑わずに、真剣《しんけん》にお相手をしていただきたいと思います。

十分な事前調査なしで霊言《れいげん》の収録を試みる

大川隆法　（質問者たちに）頑張ってください。

この人の言論の内容については、だいたい分かっていますか。

綾織　一通りは……。

大川隆法　では、行けますね。

（仲村に）あなたは女性なので、キャリアウーマンとして戦っておられる方の、まあ、女性かどうかは知らないけれども、その守護霊と、何らかの掛《か》け合いをしていただければと思います。

櫻井さんについて十分な事前調査をしてはいないので、何が出るかは分かりません。そのため、私は、今日、それほど自信がないのですが、政治思想的には似たものが出てはいるので、思想的なすり合わせを行い、「宗教的なものが何か関係しているのか」ということと、「心の奥《おく》で何を考えているのか」ということは、ある程度、調べてもよいでしょう。

私たちの仲間と言えるような方なのか、そうではないのか、このへんのところを調べてみたいと思います。

（質問者たちに）では、よろしくお願いします。

万一《まんいつ》、この企画がボツになった場合には、せっかくの日曜日が潰《つぶ》れてしまい、申し訳ないと思うのですが、年中、百発百中《ひゃっぱつひゃくちゅう》というわけにはいかないこともあるので、たまには〝空振《からぶ》り〟になることもあります。

もし、ご本人の名誉《めいよ》にかかわる内容になっていくようだったら、収録が徒労に終わる可能性もあるかもしれません。

前置きを、かなりくどく話しているので、私らしくないのですが、「予想外のことになる可能性がある」ということを感じているので、よろしくお願いします。

櫻井さんの守護霊は、綾織さんのような人だったりする可能性もあります。どのような人が守護霊をしていて、櫻井さんがジャーナリストをやっているのか、分からないのです。

では、始めましょうか。

質問内容については細かく決めていないので、お任せします。

綾織　はい。分かりました。

ジャーナリスト、櫻井よしこ氏の守護霊を招霊《しょうれい》する

大川隆法　それでは始めます。

（合掌《がっしょう》し、瞑目《めいもく》する）

保守の言論人にしてジャーナリスト、櫻井よしこさんの守護霊を、幸福の科学教祖殿《きょうそでん》にお招きして、そのご本心をお聞きしたいと思います。

また、今の日本の国のあり方や政治のあり方、諸外国との関係、さらに、できうべくんば、幸福の科学等へのご意見をお伺《うかが》いしたいと思いますし、その他、今後、未来についての期待することや、女性についてのご意見等がございましたら、それもお伺いしたいと思います。

ジャーナリスト、櫻井よしこさんの守護霊よ。

ジャーナリスト、櫻井よしこさんの守護霊よ。

どうか幸福の科学教祖殿に降りたまいて、われらにその本心を明かしたまえ。

われらは、決して、あなたを辱《はずかし》めるつもりや、試みるつもりで行うわけではありません。あなたは、政治的主張において、われらにかなり近いものを持っておられると感じているので、「どういう方であるかを知り、お近づきになって意見交換《こうかん》をしたい」という気持ちで、今、素直《すなお》に語りかけております。

櫻井よしこさんの守護霊よ。

どうか幸福の科学教祖殿に降りたまいて、そのご本心を明かしたまえ。

ありがとうございます。


（約十五秒間の沈黙《ちんもく》）

2 〝男ぶり〟のよい櫻井氏の守護霊

守護霊は「櫻井よしこ氏」にどう働きかけているのか

武田　おはようございます。

櫻井よしこ守護霊　うーん?

武田　櫻井よしこさんの守護霊でいらっしゃいますか。

櫻井よしこ守護霊　うーん……、そうかなあ。

まあ、そういう呼び方をしたければ、そう呼んでもよいなあ。

武田　そうですか。

櫻井よしこ守護霊　いや、「守護霊の定義」は何だ?

武田　守護霊というのはですね……。

櫻井よしこ守護霊　ああ。

武田　あの、櫻井よしこさんをご存じでしょうか。

櫻井よしこ守護霊　そら、知ってる……（笑）。

武田　知っていますね？

櫻井よしこ守護霊　何を言うんだ、呼んだんじゃない？　今（会場笑）。

武田　（苦笑）呼びました、呼びました（会場笑）。

櫻井よしこ守護霊　今、呼んだんだろうがあ？　「知ってますか」って、「知ってますか」はないだろう？　あんた。

武田　そうですね。

櫻井よしこ守護霊　いいかげんな、そういう言論は、あのねえ、君、やっちゃいけないのよ。

武田　失礼しました。そうですね（苦笑）。

櫻井よしこ守護霊　いいかげんな言論をするんじゃないよ。

武田　ですから、二十四時間、三百六十五日、櫻井よしこさんご本人について……。

櫻井よしこ守護霊　いやあ、そりゃあそうだよ。

まあ、二十四時間っちゅうのは、ちょっと分からんけども……。

武田　そういうわけではないですか。

櫻井よしこ守護霊　本人が寝《ね》てるときはしょうがねえからさあ。そらあ、ついてたってしょうがないでしょう?

まあ、本人が仕事をしているときには、そりゃあ、やっぱり、アドバイスしなきゃあいかんでしょうがあ。

武田　いろいろと霊的《れいてき》なアドバイスや……。

櫻井よしこ守護霊　もちろん、そう。他人ではないと思うよ。他人とは思ってない。他人っていう感じではない。
亭主《ていしゅ》でもないが他人でもない。それはねえ、何か本人とは、緊密なる、「魂《たましい》的な連携《れんけい》」は感じてる。

武田　はい、はい。

櫻井よしこ守護霊　うーん、ちょっと思想的に、これ以上言うのは難しいかもしれないけど、「単に、何かの霊が取り憑《つ》いて、教えている」みたいな、そんな感じではないなあ。本人自身に縁《えん》があってというか、深い関係があって、アドバイスをしてるっていう感じだな。

「幸福の科学に呼び出された霊《れい》」はごまかせない

武田　なるほど。（魂のきょうだいは）何人かいらっしゃるかもしれませんが、そのなかで、いちばん、今、強く働きかけている方ということでよろしいですかね？

櫻井よしこ守護霊　今は、そうだな。女性っぽく見えるか？

武田　ちょっと今……。

櫻井よしこ守護霊　ちょっと違《ちが》うみたいに見えるなあ？

「魂《たましい》のきょうだい」と「守護霊《しゅごれい》」の仕組みとは

原則《げんそく》として、魂は六人で一組になっており、リーダー役の霊を「本体」、ほかの五人を「分身」という。それぞれ、生まれた時代は異なり、違う意識を持っている。また、性別が異なる場合もある。

分身
分身
本体
分身
分身
分身
守護する
守護霊
肉体に宿り、地上で
生活する魂
六人が交代で地上に生まれ、
天上界《てんじょうかい》に残った魂のきょうだいの
一人が、守護霊を務《つと》める。

武田　ええ。ちょっと男性的な雰囲気《ふんいき》が……。

櫻井よしこ守護霊　ここは、なかなかうるせえなあ。うーん。何か騙《だま》せんなあ。

武田　なるほど。男性的な……。

櫻井よしこ守護霊　何でこうなるんだあ?　もうちょっと、わしゃあ、女性っぽく出たろうと考えとったんだが、ここへ入ると、もうそのまま出てしまうじゃないか。これ、どうなってんだ?　ほんとに。ごまかせんです。

武田　ええ。ごまかせませんし、隠《かく》せません。

櫻井よしこ守護霊　スカートと化粧《けしょう》ぐらいで、ごまかせんな（舌打ち）。
本人が、がっかりするだろう？

武田　ただ、現代の櫻井さんの役割からすれば、それは逆に、「非常にプラスになっている」といいますか……。

櫻井よしこ守護霊　プラス⁉

武田　はい。

櫻井よしこ守護霊　うーん、そうかあ。そうなんや。

新聞に「都知事選」に関する意見広告を出した理由

武田　これから、いろいろとお話をお伺《うかが》いしたいと思います。まず、今年は二〇一四年で、安倍《あべ》政権二年目に当たりますが、経済面では、消費税が導入されますし、外交面では、中韓《ちゅうかん》をはじめ、アメリカも含《ふく》めて、いろいろな問題が、引き続き起きており、非常に舵取《かじと》りが難しい年になりそうだと感じています。

そういうなか、今、ちょうど都知事選の選挙期間中でありまして……。

櫻井よしこ守護霊　そうやなあ。間に合わんなあ、もう。

武田　ええ。先ほど、総裁からも紹介《しょうかい》がありましたが、昨日までに、産経をはじめ、四紙に、都知事選についての意見広告を出され、また世の中に対して……。

櫻井よしこ守護霊　どうや？　すっきりするやろうが？

武田　すっきりしますね。

櫻井よしこ守護霊　なあ？

武田　ええ。

櫻井よしこ守護霊　もう、（都知事選に）出てる男たちゃあ、ほんまに男でないのばっかりやからなあ。嘘《うそ》つきばっかりでさあ。

武田　なるほど。

櫻井よしこ守護霊　もう、とにかく、「当選するか」「票を集めるか」っていうことにしか、関心がねえからさあ。何であってもいいから、票が入りそうなことを言うとる連中？　あの〝化《ば》けの皮〟を全部ベーッと、剝《は》いでやりたいぐらいやな。「こら、嘘つくな」っていう感じかなあ。

意見広告で「正しい」と思うことを訴《うった》えかけている

武田　櫻井さんは、「選挙のときや、国難を招くような風潮《ふうちょう》のときに、本当にいいタイミングで意見広告を出されている」という印象がありますが、これには、どのような背景があるのでしょうか。

櫻井よしこ守護霊　いや、そらあ、おたくに言われたあないわ。おたくは、もう年中、出しとるやないかあ。

武田　はい。

櫻井よしこ守護霊　ええ？　本の広告やら意見広告やら分からんようなものばかり、年がら年中、出してんだよ。もう、露出度《ろしゅつ》は、こちらの百倍ぐらいは……。

武田　そうですね。

櫻井よしこ守護霊　そちらは、攻撃力《こうげき》、百倍あるだろう？　少なくとも。

だから、おたくに言われたくはないけどねえ。うちなんかは、もうささやかなもんやから。おたくが「クジラ」としたら、うちは「メダカ」ぐらいのもんやからさあ、そんな……。

武田　櫻井さんはどういうお考えで、ご意見を国民に問うているのでしょうか。

櫻井よしこ守護霊　「どういうお考え」って、どういうこと？　正しいことを言ってるだけやん？

武田　はい。その都度《つど》、正しいことを……。

櫻井よしこ守護霊　うーん。「正しい」と思うことを言うとるだけや。

インチキくさい「元首相連合」は撃《う》ち落とすべし

武田　都知事選については、今、おっしゃったように、立候補者の顔ぶれや主張を見て、「これは、意見しなくてはいけない」と思って、出されたのですか。

櫻井よしこ守護霊　いやあ、だからねえ、ジャーナリストとして、私らは、ちょっと今、年齢《ねんれい》がええのでなあ、テレビはそんなにお呼びがかからんようになってきてはおって、まあ、今は文章で戦っているけどもなあ。あのな、ちょっとインチキくさいのがおるやろう？　ちょっとなあ、インチキくさいのが。

ああいうなあ、インチキくさいやつ、あれはちょっとねえ、撃《う》ち落とさんといかんわなあ。

武田　具体的には？

櫻井よしこ守護霊　あの、〝元首相連合〟みたいな……。

武田　ああ。

櫻井よしこ守護霊　ああいう〝くさいやつ〟は、ジャーナリストとしてはねえ、やっぱり問い詰《つ》めないかんと思うなあ、もっとガンガンに。緩《ゆる》い緩い！　意見を言わしてるだけやん、単に。

武田　うーん。

櫻井よしこ守護霊　なあ？　「国民のハートをつかんだろう」として、意見を言ってるだけだからな。「ピュアなハートに語りかけて、胸をキュンキュンさせたろう」と思って、やっとる感じは見えるけど、「ええ年こいて、いつまでそういう作戦でやるんや」っていう。

もう、人間、やっぱりねえ、七十超《こ》えて、八十が近あなったら、棺桶《かんおけ》のことをよう考えてなあ、「正直に生きないといかん」と思うなあ。

だからね、ええ格好をする年はもう終わったんや。な？　若いうちはええよ。二十代とか三十ぐらいなら、「ええ格好をして、人気を取りたい」っていうの、これは分かるよなあ。それはそうだろう。まあ、そういう、「いい格好をして、心にもないことも言うてやなあ、人の気を引きたい」っちゅうんは分かるなあ。

そら分かるけどなあ、七十、八十が来て、もう、〝ええ格好しい〟はちょっとたまらんなあ。

櫻井氏守護霊が語る「理想のリーダー像」とは

武田　細川《ほそかわ》元首相は、小泉《こいずみ》元首相と一緒《いっしょ》にやっていますよね。

櫻井よしこ守護霊　そうやなあ。あれ、あのあたりから、日本の政治は目茶苦茶《めちゃくちゃ》になったんや、あの人あたりからさあ。

あの無責任男？

武田　ああ。

櫻井よしこ守護霊　あれとか、村山《むらやま》（元首相）とか、もうああいう「無責任男」

は、わたしゃ、大嫌《だいきら》いだからねえ。何だ？　あれ。本当に、もうムードだけで、ねえ？　昔、いい思いをちょっとして。

これも今も流行《はや》ってるけどさあ、近衛《このえ》（文麿《ふみまろ》）の子孫だとか、そんなのぐらいでさ、顔がちょっと似とるけどなあ、あんなぐらいで首相になれるとかな。

まあ、能力じゃないよなあ、あれ、どう見たってなあ。だから、何となく、そういう貴公子の雰囲気《ふんいき》と、何かさっそうとした感じとイメージと、こんなので釣《つ》って、（首相に）なって、業績らしき業績もなく、「自民党を野党にした」っていうだけが業績でしょう？　今もそんな感じなんじゃないの？

だから、民主党も引っ繰《く》り返されたから、安倍政権を潰《つぶ》す〝密命《みつめい》〟を帯びてやってるだけなんじゃないの？　首都で、もしこれを引っ繰り返せたらさ、安倍に大打撃を与《あた》えられるので、そのためだけに出てる感じやなあ（舌打ち）。

武田　そういうお話を伺いますと、櫻井さんのなかに、「理想的なリーダー像・首相像」というものがあるからこそ、「異《い》を唱えざるをえない」ということなのかなと、今、思ったのですが……。

櫻井よしこ守護霊　うん、なるほど。あんたも、なかなか、まともなことを言うじゃん? まあ、「理想の首相」というのが存在したとは思わんけどな。

ただ、私は、やっぱり、本音で国民に語りかける人が好きだし、「本音で言って、それが間違ってない」というかなあ、国の方向としては、間違ってないことを言ってくれる人は好きだなあ。

まあ、そういう人がいたかどうか、日本の歴史を点検して、どの人なら、「理想の首相」と言えるかと言われたら、それはちょっと、うーん……、ずばり、「これなら理想」とまで、出せるかどうかは知らないけども。

少なくとも、小泉さんみたいな、あんなトリックスターを暴《あば》くのは、やっぱり、マスコミ人としての使命やと思うしなあ。ああいうふうな〝劇場型政治〟をな。

何か、今日の（報道を）見たらさあ、大阪《おおさか》は、橋下《はしもと》市長が、「市長選をもう一回やって民意を問う」とか言ってるけど、ちょっともう、「維新《いしん》」の人気がなくなってきて、石原《いしはら》さんもやる気がなくなってやめそうやし、自分もやめないといけなくなってきてるから、もう一回人気を取り返したくて、何か、トリックスター的にパーッとやって、〝あれ〟したいんだろう？　もう、そろそろ求心力が低下してるからね。

まあ、ああいう感じのねえ、〝人気取り型〟の政治家は、あんまり好きでないのよ。だから、やっぱり、うーん……、そういうのは好きでないなあ、やっぱりねえ。

3　歴史問題で「米中韓《べいちゅうかん》」を斬《き》る

櫻井氏の守護霊は「安倍《あべ》首相」をどう見ているか

綾織　今、安倍《あべ》さんについて応援《おうえん》するスタンスを取られているわけですが、安倍さんは、直近では、年末に靖国《やすくに》神社に参拝《さんぱい》し、靖国問題でアメリカに反発されながらも、そのスタンスを守っています。

その意味では、非常に心強いと思うのですが、今のところの安倍さんに対して、守護霊様は、トータルで、どのように評価されていますでしょうか。

櫻井よしこ守護霊　まあ、おじいさんとかねえ、大叔父《おおおじ》さんとか、ほかには、お父さんが政治家だった、その〝毛並み〟で（首相に）なっている部分もあるから、率直《そっちょく》に言って、彼だけの実力ではないとは思ってるけどねえ。彼だけの実力じゃないし、そうした、岸《きし》・佐藤《さとう》あたりの影響力《えいきょうりょく》というのは、かなり、戦後の自民党を代表するものではあっただろうからさあ。

「それのやり残したところを引き継《つ》ごうとしている」みたいなところは、日本人の好きな〝世襲《せしゅう》制メンタリティー〟の、何て言うのかなあ、「殿《との》のご遺志《いし》を継いで」みたいな感じのものにちょっと合ってる部分で、点数を取ってるところはあると思うんだよな。

同じ岸・佐藤の流れを引く者であっても、思想的に、もちろん正反対の思想を持つことだって可能だと思うけどね。

例えば、社民党のほうで出るとかさ、そういうのだったら、そんなに人気が出てるとは思わないので。

そうした、かつての大政治家だった、自分のご先祖の遺志を継いでやろうとしているところに、その時代のファンたちも含《ふく》めてだねえ、後押《あとお》しの力が働いている。このへんのところはやっぱりあると思うので、彼自身の力は五割ぐらいだろうとは思うけどね。もし、ほかの一般《いっぱん》家庭に生まれていたら、首相まで行くことはおそらくなかろうとは思う。

まあ、いい人だけどね。なかなかいい人であるとは思うけど、彼自身の力は五割ぐらいだろうとは思う。

ただ、今、得しているのは、そうした、岸さんの思想みたいなものを正面から言って、それで勝てる政治家というのがほとんどいないことだね。ほかにはいないことだ。岸も信念の人ではあったけどねえ、それを今、言って選挙に勝つとか、多数派形成できる人がいないから、彼が俄然《がぜん》、輝《かがや》いて見えるところはあるわねえ。

だから、個人として取り出したときに、どの程度の点数が出る人なのかについては、私も、まあ、何とも言えない部分はあるけど、今の選択肢《せんたくし》のなかで言えば、本音を……、まあ、本音ではないね、かなり本音に近いところを言って……。まあ、ちょっと彼も、二回目になって、言論術、上手にかわす部分は身につけてきたから、必ずしも本音ではない面もあるかもしれんけれども、結果的には、そこそこのところを引っ張っていこうとはしている感じはする。

だから、〝大化《おおば》け〟すれば、まあ、もし長期政権とかが成立するようだったら、大宰相《だいさいしょう》に〝化ける〟可能性はあるわなあ。

臆病《おくびょう》なオバマ政権が中国の台頭を許している

綾織　今、歴史問題というものが安倍政権でも非常に大きな課題になっているわけですけれども、今回の安倍首相の靖国参拝問題で、アメリカのほうから、「失望した」というコメントが出されました。

中国・韓国《かんこく》に対する歴史問題は、もちろん大事なことではありますが、今後、アメリカとの関係で、この歴史問題をどう扱《あつか》っていくか、アメリカをどう説得していくかという点が大事になってくると思います。

櫻井さんも、アメリカの新聞に意見広告を出し、慰安婦《いあんふ》問題や〝南京大虐殺《ナンキンだいぎゃくさつ》〟の問題について、「これが本当の事実なんだ」ということを訴《うった》えていますが、私たちは、これをどのようにクリアしていけばよいのかということは、非常に大きな課題ではないでしょうか。

櫻井よしこ守護霊　ああ……、そこは、今はねえ、中国と韓国が中韓連合を組みかかっておって、韓国は中国に擦《す》り寄ることで、北朝鮮《きたちょうせん》の脅威《きょうい》を減らそうとして、それで、中国とアメリカとの政治的関係や経済的関係、特に、経済的関係はかなり大きくなっておるからね。

それと、（アメリカは）軍事的に後退しつつあるので、「中国と事を構えたくない」というオバマ政権の臆病《おくびょう》な体質が、ちょうど、中国の台頭を許す結果にもなっている。

「中韓《ちゅうかん》連合」がアメリカを抱《だ》き込《こ》もうとしている

櫻井よしこ守護霊　彼らの中韓《ちゅうかん》連合は、おそらくは、アメリカを最低でも中立のところまで追い込《こ》んでいって、「日本」対「中韓」のほうにもっていきたいだろうし、よくんば、七十年前に戻《もど》ってだねえ、「先の第二次大戦で日本を負かしたのは、最終的にはアメリカでしょう？　そのときには中国が同盟国だったでしょう？　中国を助けるために日本を叩《たた》き潰《つぶ》したんでしょう？　その原点を忘れないでくださいね」と、味方に抱《だ》き込んでいきたいだろう。

「あなたがたが、原爆《げんばく》を落とした罪が許されるためには、中国と思想を一つにしなければいけないし、同盟関係にもっていかないと、本当はあなたがたが糾弾《きゅうだん》されることになりますよ」というところで、向こうを攻《せ》めてきている。

また、韓国がそれに便乗して、「そうなんですよ。私たちも、日本軍として戦ったように見えているけれども、それは強制的にやらされたのであって、従軍慰安婦なんていうのは、アメリカにアピールし、世界にアピールするために、象徴《しょうちょう》的に使っているんだ。本当は、韓国人、北朝鮮人も合わせて、朝鮮半島の人間が強制徴用され、日本軍に従軍して戦わされたんだ。だから、中国人を殺したけど、それは日本人が悪くて、自分たちの責任じゃない。アジアの人たちを殺したのも、朝鮮半島の人間の責任じゃなくて、日本の責任。全部、強制があったためだ」と言って、このへんのことを、全部、結託《けったく》してきている。

そして、「中国と韓国がアジア地域で繁栄《はんえい》を享受《きょうじゅ》できて、〝にっくき日本〟は命乞《いのちご》いをするようなところまで追い込みたい」と、こんな感じなんじゃないですか。

トルーマンの霊《れい》が泣いて謝《あやま》った事実を認められないアメリカ人

綾織　アメリカを何かしら、こちら側に引きつける鍵《かぎ》は何になりますでしょうか。

櫻井よしこ守護霊　うーん……、アメリカ自身、歴史問題の認識が変わらないで、間違《まちが》っているからさ。要するに、戦時プロパガンダを、その後の歴史観にしているからね。

だから、この前のおたくさまの本で、ルーズベルトとトルーマンの何かが出ていて、衝撃《しょうげき》の本だわね（『原爆投下は人類への罪か？』〔幸福実現党刊〕参照）。「トルーマンが泣いて謝《あやま》る」なんていう

2013年６月３日に収録された「原爆投下は人類への罪か？」。第１章にトルーマン元大統領の霊言を収録。(幸福実現党)

のは、こんなの、アメリカ人としては、口が裂《さ》けても認めることはできないような内容でしょうなあ。

その意味では、韓国や中国と向こう（アメリカ）は、あの部分で利害の一致《いっち》してくるところがある。

「アメリカの横暴《おうぼう》な過去」を暴《あば》きたがっているオバマ大統領

櫻井よしこ守護霊　日本からだって、地下では、「オバマよ、広島へ来て謝れ」っていう動きを、やっていると思うよ。向こうでは、「日本の広島・長崎《ながさき》に行ったら負けだ」と思うとるから、一生懸命《いっしょうけんめい》、周りは止《と》めているけれども、もしかしたら、引退間際《まぎわ》になったら来るかも分からんからね。ノーベル平和賞をもう一回もらいにくるかもしらんから、まあ、それを一生懸命止めていると思う。

もうとにかく、彼は、アメリカ人であってアメリカ人でないからねえ。「アメリカの過去の横暴《おうぼう》」を暴《あば》きたがる面も、ちょっと持っているところはあるんでね。思想的には、もう今は、あれじゃないかねえ、「故障したヘリコプター」みたいになっているんじゃないかな、オバマさんは。やっぱり、グルグルグルグル、〝回転〟しているんじゃないんですか。そんな感じだな。うん。

綾織　オバマ大統領は、内政でも外交でも、ほとんど仕事ができないような状態でしょうが、唯一《ゆいいつ》、やってほしいと思うのは、歴史観の見直しです。黒人奴隷《どれい》との絡《から》みで、アメリカのさまざまな歴史観の見直しだけでも、何か踏《ふ》み込んでくれるとよいとは思うのですが。

櫻井よしこ守護霊　まあ、「セックス・スレイブ」とか言うているけれども、「スレイブ」（奴隷）っていうのには、アメリカはすっごい敏感《びんかん》に反応するからさあ。

自分らがやったことだよ、奴隷の歴史は。これは事実だからね。これは隠《かく》しようがない。

事実、（肌《はだ》の）色が付いている人を奴隷として使っていたし、売り飛ばしていたんだからね。人身売買。

今は、アメリカも、そんなものに対してはうるさいけれども、やっていたのは自分たちだからねえ、〝模範生《もはんせい》〟は。〝手本〟として、もう二百年も……、もっとかなあ、知らんけども、やっていたのはアメリカだから。今は、よそに対しては厳しく言うとるけどね。

だから、うーん……、そういう意味では、オバマさんは非常に複雑なところがあるんだろうけれども、頭にあるのは、主として、何て言うの？　米国内の白人と黒人の格差是正《ぜせい》？　黒人の被害《ひがい》意識の除去？　まあ、これが、やっぱりメインなんじゃないの？　考えているのはなあ。

アメリカ人には見抜《みぬ》けない、日本の大手マスコミによる捏造《ねつぞう》

綾織　その意味では、逆に、国内のマスコミのほうが、むしろ発信源になって、慰安婦問題にしろ、歴史問題について、あまりにも極端《きょくたん》に発信しすぎるものだから、彼は、しかたがなく反応してしまっているというところも……。

櫻井よしこ守護霊　国内っていうのは、「日本国内」ということやな？

綾織　そうですね。

櫻井よしこ守護霊　うん、そういうことはあるわな。いやあ、向こうでは、だいたい、「マスコミというのは、この臭《くさ》いものを隠したがる政府の、悪いところを

暴くものだ」と信じているからさあ、アメリカ人は。（日本のマスコミも）アメリカみたいなものであると思うているよ。

政府っていうのは、必ず強権を持っているから、都合《つごう》の悪いことを隠して、すぐ、「ウォーターゲート事件」みたいな、ああいうことや、スキャンダルがいっぱい起きるのを、一生懸命封《ふう》じ込めているのが政府だと思ってるから。

「マスコミが言ったものは、実際に正しいんだろう」と思っているので、朝日新聞とか、それに追随《ついずい》する新聞社やテレビ局等がやっていることには、「当然、秘密を探《さぐ》り当てて暴いたんだろう」と感じちゃうわけよ。それが、まさか、「捏《ねつ》造《ぞう》を元にしてやる」なんていうのは、アメリカでも許されないことですけど、向こうは（日本のマスコミのことが）よく分からんからさあ。

そらあ、「日本人はよく知っていることだろう」と思ってるよ。韓国とか中国との関係はよう知っているだろうから、戦争時代に生きていた人もまだいるし、

●ウォーターゲート事件　1972年、ニクソン大統領再選をめぐり、与党の共和党側が民主党本部に仕掛けた盗聴未遂事件。

「そう認めるんだったら、それはそうなんだろう」というふうに見ていると思う。自分らには取材能力がないからさあ、アメリカ人には。

第二次大戦までの日本を「悪い国」にしておきたいアメリカ

綾織　公共放送のＮＨＫのようなところがそういうふうに言っていると、「もう、それは間違いないものだ」という話として聞いてしまいます。

櫻井よしこ守護霊　少なくともねえ、「昭和二十年、一九四五年以前に関しては、日本は悪い国であってほしい」っていう気持ちは、アメリカにはあるわな。うん。まあ、政府にとっても、歴史家にとっても、ジャーナリストにとっても、「第二次大戦は、アメリカにとっての聖戦《せいせん》であってほしい」っていう気持ちはあるわな。そのところは崩《くず》したくないから、まあ、大変だわな。

だから、そういう意味では、「日米同盟は維持《いじ》したい」とは思うけれども、完全にこれが維持できるかどうかは、そこのところが引っ掛かってくると、ちょっと厳しくなるわなあ。

綾織　やはり、ある程度、時間がかかりますか。

櫻井よしこ守護霊　そうだねえ。持っていき方にもよるけど、あんたがたみたいに、「八紘一宇《はっこういちう》の精神」を復活したがっていると、そりゃあ、向こうは困るだろうなあ、そらな。ハハハハハハハハ……。

日本人であれば「日本はよい国だ」と思うべき

仲村　櫻井さんはアメリカに留学されていましたが、そういう方のなかには、ア

●八紘一宇　天の下では、すべての民族は平等であるとし、全世界を一つにまとめて、一つの家のように和合させること。第二次大戦のとき、日本が国家の理念として打ち出した。

メリカの歴史観に染まって、「戦前の日本は悪い国だった」というような思想になる方も多いのですが……。

櫻井よしこ守護霊　うん、まあ、そうだなあ。

仲村　櫻井さんは保守の言論の方だと思うのですけれども、そういうアメリカの歴史観に染まらずに、日本をよい国だと思える、その根元《ねもと》の部分は、どういったところにあるのでしょうか。

櫻井よしこ守護霊　「日本はよい国だと思う」って、そらあ、日本人ならば、「日本はよい国だ」と、基本的には思うべきであって、よい国だと思わないのに日本人をやっているっていうのは、例外でなければならんわなあ。

郵便はがき

料金受取人払郵便

赤坂局承認

6467

差出有効期間
平成28年5月
5日まで
(切手不要)

1 0 7 - 8 7 9 0

112

東京都港区赤坂2丁目10―14
幸福の科学出版(株)
愛読者アンケート係 行

フリガナ お名前	男・女	歳
ご住所 〒 都道府県		
お電話 ( ) —		
e-mail アドレス		
ご職業	①会社員 ②会社役員 ③経営者 ④公務員 ⑤教員・研究者 ⑥自営業 ⑦主婦 ⑧学生 ⑨パート・アルバイト ⑩他 ( )	

ご記入いただきました個人情報については、同意なく他の目的で使用することはございません。ご協力ありがとうございました。

愛読者プレゼント☆アンケート

『なぜ私は戦い続けられるのか』のご購読ありがとうございました。今後の参考とさせていただきますので、下記の質問にお答えください。抽選で幸福の科学出版の書籍・雑誌をプレゼント致します。(発表は発送をもってかえさせていただきます)

1 本書をお読みになったご感想

(なお、ご感想を匿名にて広告等に掲載させていただくことがございます)

2 本書をお求めの理由は何ですか。

①書名にひかれて　②表紙デザインが気に入った　③内容に興味を持った

3 本書をどのようにお知りになりましたか。

①新聞広告を見て [新聞名：　]
②書店で見て　③人に勧められて　④月刊「ザ・リバティ」
⑤月刊「アー・ユー・ハッピー?」　⑥幸福の科学の小冊子
⑦ラジオ番組「天使のモーニングコール」　⑧幸福の科学出版のホームページ
⑨その他 (　)

4 本書をどちらで購入されましたか。

①書店　②インターネット (サイト名　)
③その他 (　)

5 今後、弊社発行のメールマガジンをお送りしてもよろしいですか。

はい (e-mailアドレス　) ・ いいえ

6 今後、読者モニターとして、お電話等でご意見をお伺いしてもよろしいですか。(謝礼として、図書カード等をお送り致します)

はい ・ いいえ

弊社より新刊情報、DMを送らせていただきます。新刊情報、DMを希望されない方は右記にチェックをお願いします。　□DMを希望しない

そら、私だって、日本が嫌《いや》だったら、アメリカ国籍《こくせき》に移しますよ。とっくの昔にやってますけどねえ。だけど、やはり、日本にはよさがあると思うし、そのよさを外国には分かってもらえていないと思うところはあるよ。

アメリカ人だって、日本の歴史なんて、全然分かってないからねえ。日本史学科みたいなところにも、ちょっとしかいやしない。どこの大学に行っても、マイナーな人だけだね。まあ、インディアンの歴史でも勉強しているようなもんだろうなあ。

伊藤博文《いとうひろぶみ》を暗殺したテロリストを祀《まつ》り上げる中韓《ちゅうかん》の愚《ぐ》

櫻井よしこ守護霊　中国・韓国《かんこく》は、そら、日本を悪く言うけど、中国は日本と二回戦って、結局、もうボロンチョにやられているわけだし、韓国は中国の属国だったしさ。もう、「ロシアという猫《ねこ》に食われる前のネズミ」みたいな状態だったたのに、アホなテロリスト（安重根《あんじゅうこん》）が出てきて、日本の初代総理大臣（伊藤博文《いとうひろぶみ》）を暗殺してねえ？　それで（日本に）併合《へいごう》された。本当にもう、自分で墓穴《ぼけつ》を掘《ほ》っているだけなのにさあ。そのテロリストを「英雄《えいゆう》だ」とか言って祀《まつ》り上げて、中国と一緒《いっしょ》になって〝除幕式〟やってねえ（注。韓国の要請《ようせい》を受け、中国はハルビン駅に安重根の記念館を開設。『安重根は韓国の英雄か、それとも悪魔《あくま》か』〔幸福の科学出版刊〕参照）。

武田　そうですね。

櫻井よしこ守護霊　これはねえ、日本がアメリカだったら、もう、空爆ですよ。もう絶対に空爆しますよ。許さんですよ、やっ

2013年6月29日に収録された、「安重根の霊言」。（幸福の科学出版）

ぱり。伊藤博文を殺した安重根か、ハルビン駅頭かなんか知らんけど、無人飛行機を飛ばして、その駅頭の上からミサイル攻撃やね。もう、ベーンと撃《う》って破壊《はかい》するね。アメリカ人だったら、たぶんね。

そのへんを使い分けられないのは残念だねえ。安倍さんでも、それでは力が足りんわなあ。

4 櫻井氏の守護霊は日露《にちろ》戦争の「軍神《ぐんしん》」

「保守の論客《ろんきゃく》」として戦い続けている原動力は何か

綾織　今日は、「なぜ櫻井さんは戦い続けるのか」というテーマなのですけれども……。

櫻井よしこ守護霊　ああそう。なんで、女性の私に、こんな題を付けるんだろう？

綾織　いえいえ。やはり、あのー（笑）。

櫻井よしこ守護霊　うん？

綾織　女性としても、とても〝男っぷり〟がよろしくて……。

櫻井よしこ守護霊　男っぷり……。スカートを履《は》けば「女性」なのよ。まあ、でも、昔は、ローマ兵も〝スカート〟を履いとったし、スコットランドの兵隊も〝スカート〟を履いてたの。別に、スカートは構わないのよ。

綾織　女性のファンも非常に多く、「櫻井さんみたいになりたい」という人がとても多いですね。

櫻井よしこ守護霊　そりゃあそうやろう、そうやろう。うーん、それは分かる。

綾織　ニュースキャスターを十数年間務め、その後、独立されて、保守の論客《ろんきゃく》として、日本を代表するような活躍《かつやく》をされている、そのいちばんの自分を動かすものというのは、どういうところにあるんでしょうか。

櫻井よしこ守護霊　うーん、まあ……、何て言うか、やっぱり、一種の「不完全燃焼感《ねんしょうかん》」かねえ。

綾織　それは、ちょっと意外ですね。

櫻井よしこ守護霊　この国のために、こう、パシーッと功績を挙げたかったのに、もうひとつ、それを成し遂《と》げられなかった悔《くや》しさみたいなものかなあ。

綾織　それは、守護霊様がですか。

櫻井よしこ守護霊　わし？　ああ、わしっていうか、いや、私《わたくし》が……（会場笑）。

ああ、あれだけども、まあ……。

綾織　それは、地上の櫻井さんというわけではなく、守護霊様の……。

櫻井よしこ守護霊　それは、まあ……、私《わたくし》であるが、うん。

綾織　はいはい。国のために？

櫻井よしこ守護霊　ああ……。

前世《ぜんせ》の「不慮《ふりょ》の殉死《じゅんし》」を語り始める

綾織　これは、最後の部分の質問になってしまうかもしれないんですけれども……。

櫻井よしこ守護霊　ああ、そう？　そんなの、出るのが早いなあ。もう終わってしまう。もう終わりじゃない。

綾織　（笑）そうですね。ちょっとまずいですね。

櫻井よしこ守護霊　もう、ピンポーンで終わりじゃない。次の人に、はい、交替《こうたい》。交替して、「次の人、どうぞ」っていうような……。

綾織　（笑）悔しい思いが……。

櫻井よしこ守護霊　あるっ！

綾織　あるわけですね。

櫻井よしこ守護霊　成し遂げたかったのに、成し遂げれなかったけれども、みんなに惜《お》しがられた、そういうあれがあるもんでなあ。

綾織　ほう。

櫻井よしこ守護霊　だから、今回は、「何かやってのけたい」っていう気が少しあるんだよなあ。うーん。

綾織　なるほど。それは、やはり、幕末とか、そのあたりになるのでしょうか。

櫻井よしこ守護霊　いやあ、そんなんやったら、やっぱり、「旅順港《りょじゅんこう》の封鎖《ふうさ》」（旅《りょ》順口閉塞《じゅんこうへいそく》）よ。

綾織　おお！

櫻井よしこ守護霊　旅順港の封鎖作戦をやっとって……。

綾織　あ！　なるほど（笑）。

櫻井よしこ守護霊　〝満行《まんぎょう》〟できなかったというか、最後までやって、うーん……、わしの手で何とか戦果を挙げたかったんだけれども、ちょっと……。

綾織　はい。その船を沈《しず》めるところが、なかなか難しかったですね。

櫻井よしこ守護霊　うーん……、そうだ。旅順港を蓋《ふた》してなあ。もう、出てこれんようにして、完全封鎖するつもりだったんや。「ちょっと、部下のことを心配しすぎたのが弱点だ」と言われてはおるんや。「ほっとけばよかった」と言われておるけど。
まあなあ……、部下の姿が消えたら、やっぱり心配やからさあ、見に戻《もど》って、不覚にもなあ、頭、ぶっ飛ばされてもうたから、ちょっと悔しいわなあ。

綾織　そうですね。

過去世《かこぜ》は「戦前の教科書に載《の》っていた英雄《えいゆう》」

櫻井よしこ守護霊　まあ、「軍神《ぐんしん》」として、讃《たた》えられてはおるけどさあ、「やるべきことをやらずに軍神として讃えられる」っていうのは、なんか悔しいないか？　あんた。あんたやって悔しいやろう？

綾織　そうですね。

櫻井よしこ守護霊　なあ、あれで「軍神」と言われても、わしゃあ納得《なっとく》いかんなあ。

うーん、やっぱりちゃんと、ロシアをメタメタにやっつけてから「軍神」と言われたいなあ。

だから、乃木《のぎ》（希典《まれすけ》）ごときが戦うんなら、わしがもう、ほんとはやりたかったが。チェッ！

綾織　ああ、なるほど。日本のために戦ってきた歴史をお持ちでいらっしゃいますね。

櫻井よしこ守護霊　うん。だから、まあ、ご存じやろうのう？　教養のある諸君はご存じやろうとは思うけど。
今の教科書は全然駄目《だめ》だ。今の歴史教科書にはまったく載《の》っとらんから、話にならんけども、戦前の教科書なら、まあ、みんなが涙《なみだ》を流して読んでた旅順口閉塞作戦の英雄《えいゆう》だな。「広瀬中佐《ひろせちゅうさ》」と言うて、有名なあれやけどな。

綾織　はい。ロシアに駐在《ちゅうざい》して情報を集めるなど、「情報戦にも強い」ということですね？

櫻井よしこ守護霊　うんうん。もうあんまり言わないな……（笑）。うーん、とにかく悔しい！
だからさあ、〝満行〟したいねん。今回は〝満行〟したいの、バシッと。「国のため、お国のためにご奉公《ほうこう》をピシッと最後までしたいなあ」と思ってるから、

広瀬武夫（1868～1904）
明治の大日本帝国海軍軍人。海軍中佐。日露戦争において、旅順口閉塞作戦に従事し戦死。その後「軍神」として神格化された。

「これは戦いや」と思うて、今、戦い続けてるな。ほんとやなあ。なかなか鋭《するど》いなあ、ここは（会場笑）。うーん、教祖《きょうそ》も。「なぜ戦い続けるのか」と。まあ、ほんとやなあ。

綾織　その意味では、今は……。

櫻井よしこ守護霊　「軍神」なんや、日本の。うん。アメリカのほうが「戦犯《せんぱん》」に問われる可能性がある

綾織　今は、「日本が日露《にちろ》戦争と同じような状況《じょうきょう》を迎《むか》えつつある」ということではありますよね。

櫻井よしこ守護霊　そうよ。危ないんやからさあ。うん、危ないよお。中国はもうGDPが（日本の）倍になって、韓国《かんこく》までもう抱《だ》き込《こ》んでるし、北朝鮮《きたちょうせん》は〝狂《きょう》犬《けん》病〟にかかっとるしな。

アメリカも歴史音痴《おんち》だからさあ。そこのところでくすぐられて、「戦前の日本は悪かったですよねえ。ナチスと一緒《いっしょ》ですよねえ」って言われたら、「そうだ、そうだ」と言わんとおれんようなところがあって、「戦前」に話を持っていこうとしとるからさあ。

まあ、もし中国が、私らが言うとるように悪い国だったら、「中国を助けるために日本をぶっ叩《たた》いた」っていうアメリカは、あのベトナム戦争みたいになっちゃうやん。なあ？　だろ？

武田　そうですね。

櫻井よしこ守護霊　もし、中国が悪い国で、日本がいい国であるのに日本を潰《つぶ》したら、なんかベトコン（南ベトナム解放民族戦線）みたいな、あんな民間人まで殺したようなあれとそっくりじゃん。なあ？　東京市民から始めて日本を焼け野原にした罪で、今度はアメリカのほうが戦犯《せんぱん》に問われる可能性があるわなあ。実際に。

トルーマンなんか、A級戦犯であることを自分で認めたようなものですからねえ（前掲《ぜんけい》『原爆《げんばく》投下は人類への罪か？』参照）。あんなもんが、「絞首刑《こうしゅけい》になる」と言ったって、もう死んでるから、ならんかもしらんけど。

だから、ここの歴史観のところは、うまく絡《から》めれば中国・韓国と〝つるめる〟んだな、アメリカもなあ。

「日本の女性は米軍に娼婦《しょうふ》扱《あつか》いされた」という現実

櫻井よしこ守護霊　だから、ここは戦いだから。

日本は戦後の関係しかないからな。占領《せんりょう》されて、自己卑下《ひげ》して、アメリカに擦《す》り寄って、こう、揉《も》み手して、「トウモロコシをくださーい。粉ミルクをください」「チョコレートをありがとう」と言うて擦り寄っていって、「パンパン」がいっぱい出てねえ。

それで米兵にパンパンが……、パンパンって分かるかなあ。パンパンっていうのは、うーん、髪《かみ》がモシャモシャっとしたパーマをした若い姉ちゃんが、リボンをつけてアメリカ兵に擦り寄ってやなあ、体を売って稼《かせ》いどったあれだよ。

だから、従軍慰安婦《じゅうぐんいあんふ》のことなんかねえ、米軍に言う資格なんかないのよ。

綾織　うーん、そうですね。

櫻井よしこ守護霊　もう、いっぱいいたんだから、そんな生活をしている人が。仕事ないんだからね。

敗戦で、もう焼け野原だし、そこを占領軍としてやりたい放題で、憲法は勝手につくるしね。もう、天皇の首を引きずったら、日本人は何でも言うことをきくからさあ。

進駐軍《しんちゅうぐん》なんていうのは、日本の東北から来た娘《むすめ》だけでなくて、子持ちの母さんまでねえ、どれだけ陵辱《りょうじょく》したか分かりませんよ。それは歴史的事実として、ちゃんとあるんだからさあ。

そんな昔のねえ、「朝鮮半島の女性がどうなった、こうなった」と言うけど、アメリカ軍のことはみんな、知ってんだから、こんなのねえ。私の生まれたころですけどねえ。それはもう知ってますから。この世代ですから。ねえ?

米軍に日本の女性がみんな娼婦《しょうふ》扱《あつか》いされたのは、現実ですよ。そこにあった現実ですから。私の子供時代に、そこにあった現実ですね。みんな擦り寄ってねえ。

チェッ、悔しい。悔しい思いをしてんのや。

5 「戦後の呪縛《じゅばく》」を断《た》ち切れ

ＮＨＫの籾井《もみい》会長には「反骨《はんこつ》の精神」が宿っている

綾織　その点（従軍慰安婦《じゅうぐんいあんふ》）については、今回、ＮＨＫの会長になられた籾井《もみい》さんが会見のなかで、おっしゃったわけです。

櫻井よしこ守護霊　うーん。

綾織　今、「ＮＨＫを改革する」ということで、籾井会長が何とかしようとしているわけですが、その籾井会長の守護霊霊言《れいげん》というのも収録されました（前掲《ぜんけい》

『NHK新会長・籾井勝人《かつと》守護霊本音トーク・スペシャル』参照)。そのなかで、「新しい〝血〟を入れたい」というようなこともおっしゃっていたので、「櫻井さんは、どうですか」と投げかけてみたのですが……。

櫻井よしこ守護霊　なるほど。あれも、ちょっと突撃隊《とつげきたい》みたいな人だからねえ。

綾織　はい、はい。

櫻井よしこ守護霊　あれは、〝鴨《かも》〟になったんかい？　あいつは、ええカモネギにされたのね？　なんかそんなようなことを言うとったんかな（注。前掲『NHK新会長・籾井勝人守護霊本音トーク・スペシャル』のなかで、籾井氏の過去世《かこぜ》は新撰組《しんせんぐみ》初代局長の芹沢鴨《せりざわかも》であると語られた）。

まあ、途中《とちゅう》であれやなあ。横死《おうし》というか、横変死というか、反逆というか、うーん……、「無念な死を迎《むか》えた」という意味では一緒《いっしょ》は一緒かな。「無念の死を迎えた」っていうことで「反骨《はんこつ》の精神」みたいなのがちょっと宿っとる人なんやろうけど。まあ、私もそりゃあ、同じようなところはありますけどねえ。だから、今は「軍国精神の復活」がちょっとは来てるような気がしますわねえ。うんうんうん。

「東京オリンピックをボイコットする」という脅《おど》しも

綾織　今後、二〇二〇年に東京オリンピックがあるわけですが、これに対して、「アジアがどういう状態で迎えるか」ということなのですけれども。

櫻井よしこ守護霊　うん。これは問題やな。

綾織　昔を振《ふ》り返れば、一九四〇年の時点で東京オリンピックの開催《かいさい》が決まっていたわけですが、日中戦争の関係で返上しました。こういう歴史が実際にあるわけですが、もしかしたら、そういうことにもなりかねない……。

櫻井よしこ守護霊　その前には、ベルリンオリンピックもあったんじゃなかったっけなあ？

綾織　そうですね。ベルリンがあって……。

櫻井よしこ守護霊　ああ。ベルリンだよなあ。

綾織　東京オリンピックが、ヘルシンキオリンピックに替《か》わって、結局、中止になったわけですけれども、今は……。

櫻井よしこ守護霊　いやあ、これが、もし長引けば、二〇二〇年東京（オリンピック）を、中国と韓国《かんこく》が「ボイコットするぞ」みたいな脅《おど》しをかけてくる。安《あ》倍《べ》さんが続けるようなら、そういう脅しをかけてくる可能性はあるやろうねえ。「親中政権でなきゃいかんぞ」みたいなことは言えるだろう。

だから、「何とか、日本の経済界を震《ふる》え上がらせて、日本を世界的に孤立《こりつ》させよう」というのが向こうの作戦やし、安倍さんのほうは、あちらの「包囲網《ほういもう》をつくったろう」っていう作戦と戦ってるところやけど。

アメリカの民主党政権っていうのは、やっぱりちょっとハンディがあるわなあ。あれが続くようではねえ。ちょっと弱いなあ。

綾織　なるほど。

中国の海洋進出を「機雷《きらい》で封鎖《ふうさ》したらどうか」

綾織　今後、中国は「海洋進出」ということで、「沖縄《おきなわ》を越《こ》えて太平洋に出てくる」という状態になるのですが、今こそ、旅順口閉塞《りょじゅんこうへいそく》作戦ではありませんが、封《ふう》鎖《さ》をしなければならないわけですよね。

櫻井よしこ守護霊　そうよ。あれも何とかせないかんのや。封鎖しなきゃいかんのだよ。

綾織　はい、はい。

櫻井よしこ守護霊　何とか封鎖せないかんのよ。機雷《きらい》を敷設《ふせつ》したらどうやねん？

綾織　あ、機雷の敷設……。

櫻井よしこ守護霊　出てこられんようにな。もう、ほんまに。

綾織　なるほど。

櫻井よしこ守護霊　一夜にして機雷で封鎖したら、どうやろう？ ちょっとあれねえ、生意気やねん。ほんとに向こうは堂々と空母をつくって発表して「今後もつくり続ける」って言ってる。日本は、そんな議論すらしちゃいけないみたいな感じだろ。

〝悪魔《あくま》の進出〟にされたことへの「日本の神様の怒《いか》り」

櫻井よしこ守護霊　だから、これはアメリカまでかかわってくるよね。「戦後の呪縛《じゅばく》」のところ？　マッカーサーだって、「自分がやったことを取り消していい」と言ったのに、その一回かけられた呪縛をずーっと守り続けているんやろ？

いや、これはねえ、日清《にっしん》・日露《にちろ》（戦争）を戦ってきた日本人の先祖に対してねえ、やっぱり屈辱《くつじょく》、侮辱《ぶじょく》に値《あたい》するんだよな。

だから、韓国の言っていることが、「伊藤博文《いとうひろぶみ》の暗殺も正義だ」ということであるのならば、明治国家が成し遂《と》げた明治維新《いしん》以降の偉業《いぎょう》も全部、要するに、「ヒトラーの進出と同じだ」という考えやろ？

武田　そうですね。

櫻井よしこ守護霊　「日本がそれで強くなった。富国強兵をやったおかげで、アジアはメチャメチャにされた。だから、これはもう〝悪魔《あくま》の進出〟で、ヒトラーのナチズムみたいだ」と言って、「ナチズム史観」みたいなのに変えたいんだろう？　だから、これを許すわけにはいかんねえ。

やっぱり、日本の神様が怒《おこ》る理由が、私には分かるわあ。三島由紀夫《みしまゆきお》が自衛隊で割腹《かっぷく》自殺してでも檄《げき》を飛ばしたかった気持ちがよく分かるねえ。「日本の神様の気持ちはあんなもんや」と思うんやけど、民《たみ》のほうが動かんしね。

「敗戦」と「国の復興」の両方を経験された昭和《しょうわ》天皇

櫻井よしこ守護霊　昭和《しょうわ》天皇も、今は尊敬している人が多いんだろうけど、やっぱり一代で「敗戦」と「国の復興」の両方を経験した人だから、心に屈折はあるわなあ。屈折はある。

まあ、戦後生き延びたけど、「なんか命拾いした」みたいなところが妙《みょう》にこう、うーん。いったん捕《つか》まって捕虜《ほりょ》になったけど、釈放《しゃくほう》されたみたいな？　保護観察付きで釈放されたような感じかな。「二度とやらんかったら、命は助けてやる」みたいな感じだよ。ずーっと生きてる間中ね。

だから、昭和が終わるまで、一九八九年かな？　そのくらいやったっけ？　そのくらいまで、ずーっと保護観察付きだったような感じがするから、軍事のほうには関心を持たずに、ただ「経済」にだけ邁進《まいしん》して、「平和と経済」だけ、ずーっとやってた。

昭和の時代が終わったがゆえに、いよいよ「まともな国のあり方」っていうのを、もう一回、考えないかん時期が来たわけだわなあ。

だから、昭和天皇も、そういう意味では、ちょっと罪なところを残したと思うよ。まあ、自分の命を惜《お》しまずに、ＧＨＱに出ていって交渉《こうしょう》して、「国民を助けてくれ」って言ったところは偉《えら》いとは思うけども、保護観察みたいな身分でずっと置いておかれた。政治性を持たずに、権力を持たずに、「生かしてやる」っていうような感じで〝釈放〟されてね。うーん、〝執行猶予付き《しっこうゆうよ》〟だよな。〝執行猶予付き〟だよ。

死刑《しけい》はいつでもできるし、「もし、軍部みたいなのをつかみたいようだったら、すぐにまた捕まえる」ぐらいの感じだったと思うからねえ。

「日本は占領《せんりょう》されたままでないか」という気持ちが半分ある

櫻井よしこ守護霊　だから、沖縄の今の鬱憤《うっぷん》もちょっと分からんことはないんだけどねえ。

「日本を守るために沖縄の米軍基地が必要だ」っていうのも分かるけど、「占領《せんりょう》されたままでないか」という気持ちが半分はあるんやろうから。「日本は情けない」「東京は情けない」「本土は情けない」っていう気持ちも半分はあるんだろうとは思うんでね。「サッサと外国の基地ぐらい叩《たた》き出して、自分らで守れ」っていう気持ちも水面下にはあるんだと思うんだけどねえ。

それで、「アメリカは、中国とえらい仲良うなってきてるじゃないか」と。

だから、沖縄の「反東京」「反政府」が、単に「親中」の人だけとは言えない面もちょっとあるような気がするよ、メンタリティー的にはね。

うーん、情けない国だな。政府のあり方の情けないところについては、韓国が今、中国に擦《す》り寄ったり、なんかいやらしい、情けない感じがするけども、日本もずーっとアメリカに媚《こび》を売り続けてるような情けない感じを受けてるところもあるんかなと思うね。

このへんは保守のほうもあんまり言わんけどさ。

6 「テロリストに命を奪《うば》われても構わない」

幸福の科学があるので「安心」はしている

綾織　地上の櫻井さんは、今も大活躍《だいかつやく》されているわけですけれども、守護霊様として、櫻井さんが活躍していく上で、今後の十年二十年、どういう仕事をしていきたいと思っていらっしゃいますか。

櫻井よしこ守護霊　まあ、残りの時間を数えられると、私もちょっとつらいんです。

綾織　あ、すみません。ちょっと表現が……。

櫻井よしこ守護霊　つらいんです。つらいんですけども。

綾織　まだまだ、活躍されると思うんですけれども。

櫻井よしこ守護霊　いやあ、まだ四十代に化《ば》けるために、いちおう頑張《がんば》ってるんだけどね。

綾織　日露《にちろ》戦争みたいな状況《じょうきょう》が、今後、想定されかねない状況です。

櫻井よしこ守護霊　いやあ、でも、私が言っていることは、もう、あんたがたが、みんな言うてることでもあるから、安心はしてるのよ。

綾織　あ、そうですか。

櫻井よしこ守護霊　ああ、今日は呼んでくださって、本当にありがとうよ。だからねえ、あんたがたを応援《おうえん》せないかんとは思うとるのよ。私よりはあなたがたのほうが長くやってくれるだろうとは思ってるから。あとがまだあるので、安心はしとるから。

まあ、私も、渡部昇一《わたなべしょういち》さんたちの気持ちも、みんな一緒《いっしょ》だろうと思うけど。あの人はもう八十代になって、残りの人生を指折り数えてるとは思うけども、次の世代にできるだけエールを送って、「何とかやってくれよ。戦いを続けてくれ」っていう気持ちは持ってるんじゃないかなあ。その気持ちは分かるなあ。私も一緒だから。

最後は、その「信念」に人は打たれる

櫻井よしこ守護霊　それから、あんたがたは、不当に扱《あつか》われたり、無視されたりしているとは思うけど、堪《こら》えどころだと思うねえ。やっぱり頑張って戦い続けると、最後は、その信念に人は打たれるからさあ。まあ、その評価もガーッと変わると思うよ。

だから、やっぱりＮＨＫ●の中枢《ちゅうすう》にまで〝爆弾《ばくだん》〟……、いや、〝爆弾〟じゃないわ、〝砲弾《ほうだん》〟を撃《う》ち込《こ》む。あれは、なかなか男らしいなあ。ええなあ。ええ感じよ。私も、もうちょっと若かったらなあ、もうちょっと若かったら、大川さんにちょっと擦《す》り寄ってみたいぐらい、ええ感じやなあ。

●ＮＨＫの中枢にまで〝砲弾〟を撃ち込む　『ＮＨＫはなぜ幸福実現党の報道をしないのか』『ＮＨＫ新会長・籾井勝人守護霊本音トーク・スペシャル』（共に幸福の科学出版刊）等の経典を発刊した。

言論人として「本音以外で勝負する気はない」

仲村　テレビで櫻井さんを拝見しますと、いつも凜《りん》としていらっしゃって……。

櫻井よしこ守護霊　凜？　うーん。

仲村　凜としていらっしゃって、女性としての輝《かがや》きも、いつもございまして……。

櫻井よしこ守護霊　女性としての輝き……。

仲村　素敵《すてき》な方だなと。

櫻井よしこ守護霊　そうお？

仲村　いろいろな方が思っていらっしゃると思うのですが……。

櫻井よしこ守護霊　（仲村に）なんか、何となく、あんたが仲間みたいな気がする（会場笑）。なんか、似たような雰囲気《ふんいき》を感じるな。

（聴衆《ちょうしゅう》を指し）何だか知らんが、みんな、笑っとるやん。何だね？

仲村　いえ、たいへんご尊敬申し上げているのですが、言論人として、大切にされていることなどがございましたら、お伺《うかが》いできますでしょうか。

櫻井よしこ守護霊　いや、だから、私は、もう本音以外では勝負する気はないね。

本音以外ではね。

まあ、もちろん、雇《やと》われの身の場合は、ある程度、社《しゃ》の方針とか、いろいろあるから、そりゃあ、縛《しば》られるところはあるけども。やっぱり、基本的には、本音で戦いたいし、「命なんかは惜《お》しくない」っていう気持ちはあるのよ。

だから、もし、本音を言い続けることで、韓国《かんこく》だろうが、中国だろうが、テロリストたちが私の命を奪《うば》うなら、「こんな婆《ばあ》さんでよけりゃあ、どうぞ、テロしてください」と。

「安重根《あんじゅうこん》の碑《ひ》」に替《か》わって、「櫻井よしこの碑」を、東京駅と成田《なりた》の前ぐらいに建ててもらうから。それで、もう、「北のほうをハッタと睨《にら》みつけて、像になって立ち続けてやりたい」という気持ちを、私は持ってるよ。

1910年に東京の旧万世橋駅前に建てられた、広瀬武夫海軍中佐と杉野孫七兵曹長の銅像。日露戦争時、広瀬少佐（のち中佐）は、ロシア帝国海軍旅順艦隊の海上封鎖を目的として決行された旅順口閉塞作戦を指揮し、無数の要塞砲や機関砲が撃ち込まれるなか、丸腰の貨物船（福井丸）を湾口まで進める。作戦中に行方不明になった部下の杉野孫七上等兵曹（のち兵曹長）を捜して沈没寸前まで福井丸に残り、ボートで帰還中に敵砲弾により戦死した。

「言霊信仰《ことだましんこう》」のようなものを持っている

仲村　いつも、言葉が「きれい」といいますか……。

櫻井よしこ守護霊　（両手を挙げて崩《くず》れ落ちるようなしぐさをする）

仲村　（笑）

櫻井よしこ守護霊　いやあ、なかなか、フニャフニャに溶《と》けてしまいそうな言葉を使うなあ、あんた（会場笑）。

仲村　櫻井さんは、鋭《するど》いことをおっしゃりながらも、それほど嫌《いや》な感じを与《あた》えないといいますか、言葉の選び方が、とても素晴らしいと思うことがあるのですが、「どのような言葉を使う」とか、「どのような言い回しをする」など、何か気をつけていることはございますか。

櫻井よしこ守護霊　まあ、それは、職業上の訓練もあるから、言葉が特に美しいっていう感じはないかもしれませんけれども……。そんなことはないかなあ。ただ、何と言うかねえ、やっぱり、これは、人間としての感性や、あるいは、教養だね。詩歌《しいか》とか、そんなのにつながっていくような、文学的な感性の部分と関係があるんじゃないかねえ。人を動かす言葉には、そういうところがあるし、そういう文学的感性がない人の言葉では、人は動かんからね。

政治家でも、歴史に遺《のこ》るような名言を吐《は》いた人っていうのは、みんな、ある程度は、文学的感性を持ってたんだろうと思う。やっぱり、それは、そういう教養の賜物《たまもの》だろうしね。

まあ、そういうところがあるから、ちょっとそのへんは、女性だからなのかどうかは知らんけども、そういう言霊《ことだま》的な信仰《しんこう》があるということかな。「言霊信仰」のような、そういうものを持ってるっていうことかなあ。

7 日本とアメリカの「複雑な関係」

日本神道《しんとう》と同質の思想が流れていたアメリカ

武田　今、精神性の部分についてお話ししてくださっていると思いますので、櫻井さんの宗教観についてもお伺《うかが》いしたいのですが、経歴を見ますと、アメリカの「クリスチャン・サイエンス・モニター」という新聞社で働かれていたということなので、やはり、考えの源《みなもと》には、キリスト教の価値観など、宗教の価値観というものが、深くおありになるのでしょうか。

櫻井よしこ守護霊　まあ、キリスト教のが、それほど深いかどうかは分からんなあ。

私は、どっちかといえば、魂《たましい》的には、日本神道《しんとう》系に分類されるべき魂だと思うんで、それは、たまたま、生まれと環境《かんきょう》の問題もあったんだろうとは思いますけどねえ。

うーん、やっぱり、魂的には、日本神道系の魂が圧倒《あっとう》的かなあ。

ただ、日本神道の一部にあるようなものが、アメリカのなかでも、唯物論《ゆいぶつろん》とか物質主義だけではない部分の、「心の力で成功を勝ちえる思想」っていうのも、ずいぶん流行《はや》りましたから。

日米で戦ったけども、実は、思想として同質のものが流れていた部分もあるので、その意味では、実際、アメリカにも、日本の神様の「心による発展・繁栄《はんえい》」と似たようなものがあった。

だから、本当は複雑な関係なのよ。この世的にはぶつかったところがあるけれども、裏側ではつながってた部分もあるんでね。
その意味で、戦後に（日米関係が）うまくいったのは、実際にはそういうところだわな。

武田　「つながった」というのは、どういうことですか。「日本の神々が、アメリカにも転生《てんしょう》していた」ということですか。

櫻井よしこ守護霊　本当は、けっこう、魂的に交流があったと、私は思うよ。
まあ、アメリカは新しい国だからねえ。魂的には、日本のほうが古いと思うから、たぶん、古く日本にいた魂の幾《いく》たりかは、アメリカで影響《えいきょう》を与《あた》えた者として出てるんでないかとは思いますけどね。

「大東亜《だいとうあ》戦争」をどう評価するか

武田　そのような観点で、大東亜《だいとうあ》戦争を再評価するとしたら、どのような評価になりますか。

櫻井よしこ守護霊　うーん……。まあ、アメリカは新興国だから、日本は、それを、ちょっとなめとったところがあるんやと思うけど、お互《たが》いに影響はあるよな。

ペリーが黒船で来て、江戸《えど》幕府を倒して明治維新《いしん》を促《うなが》した。あの力により、明治維新が起きたけど、その後、日本が富国強兵で発展したがゆえに、アメリカの、「中国の利権」のところ、まあ、どっちかといえば、満州《まんしゅう》の利権が多いと思うけど、やっぱり、その利権をめぐって、一枚かましてくれなかったところへの不満があったんかなあ。本当は、アメリカもかましてやればよかったんかもしらんけどねえ。

せっかくフィリピンまで取ってきたんだから、満州も一緒《いっしょ》にかましてくれて、仲良く分けてもらえれば……。アメリカは、ちょっと、ヨーロッパの後塵《こうじん》を拝《はい》してたから。それは、大陸のほうにも進出したかったやろうねえ。

だけど、日本のほうが、先にアタックをかけとったから、「ちょっと分けろや」というところがあったんじゃないかなあ。

まあ、「日本の文明開化を進めてやったのはアメリカやないか」「アメリカの恩義を忘れて、それで、ちょっとええ格好しとるとちゃうか」というところはあったかもしらんなあ。

時代とともに変化した日米の「霊的《れいてき》関係」

綾織　日本とアメリカの、霊的《れいてき》な秘密のところをお伺いできればと思うのですが、日本の神々も、アメリカ建国のあたりから、ある程度かかわって、お手伝いをしていたといいますか、何か、精神的な柱を建てるようなことをしていたと考えてよろしいのでしょうか。

櫻井よしこ守護霊　うーん。だからさ、いろいろ変わるわけよ。例えば、日本がロシアと戦ってたときは、セオドア・ルーズベルトとかが、金《かね》子堅太郎《けんたろう》やったかなあ、まあ、彼なんかとお友達やったので、なかに入って、日本を判定勝ちさせたりして、アメリカは日本の味方だったときもあるわけ。「対ロシア」とかいうふうなことであれば、すごく親近性はあったわけだから、そりゃあ、その裏では、日米の関係が、霊的にも順調だったときがあるわけだ。だから、やっぱり、どっかのターニング・ポイントで、すれ違《ちが》いはあったんだろうと思う。

まあ、せっかくあれだけ大国になったんだから、もう一段、何て言うか、アメリカも、遅《おく》ればせながら、アフリカの奴隷《どれい》を使っただけでなくて、「もうちょっとアジアのほうで拠点《きょてん》を広げたかった」っていう気持ちはあるんじゃないかなあ。

「先進国はドイツ」と判定を下《くだ》した明治以降の日本

綾織　日本は、長い歴史を誇《ほこ》っているわけですが、アメリカは、数百年と歴史が短く、まだまだ若い国です。

櫻井よしこ守護霊　うーん。

綾織　アメリカが、もう一段、「成長する」という言い方は失礼になると思いますが、やや、乱暴で、〝ジャイアン〟のような考え方が強いので、もう一段、日本と調和できるような進歩ができるとしたら、鍵《かぎ》になるようなものはありますでしょうか。

櫻井よしこ守護霊　うーん……。とにかく、今の歴史観の問題、まあ、明治以降、開国以降の歴史観の問題やけど、その開国前はオランダだけでしょ？　日本は、ヨーロッパに、オランダしか友達がいなかったのねえ。

そのあと、幕府と官軍が戦ったときには、幕府のほうにフランスが付いたりもしてたしねえ。フランスが売り込《こ》みをかけてきて、フランス式でやろうとしてたときもあったけど、その後、明治政府は、軍隊をドイツ式に改めて、途中《とちゅう》から、ドイツの影響力がすごく入

明治以降、日本では、政治や経済、軍事、法制、医学、文化など、あらゆる面においてドイツを模範とした体制を採り入れていた。

ってきたよね？

日本の軍隊はドイツ式に統一されて、医学にもドイツが入って、学問的にも、明治の後半から大正、昭和前期にかけて、ドイツの影響はすごく強かったよねえ。

そういう意味で、日独同盟《にちどく》ができたのも、よく分かりますよ。

アメリカよりも、ヨーロッパのどこが（日本に）食《く》い込むかで、ドイツが、だいぶ日本に触手《しょくしゅ》を伸《の》ばしてきたっていうところはあった。まあ、このへんのところに、少し、競争っていうのはあったんかなあ。

何て言うか、「ヨーロッパとアメリカの、どちらのほうの子分になるか」っていうようなところがあったわけだけど、（日本は）ドイツのほうを先進国と見ていたと思うんですよ。

実は、これが、第二次大戦で、日本がアメリカの敵軍になり、まあ、〝賊軍《ぞくぐん》〟になった理由だと思うんでね。

ドイツを〝兄貴分〟と見て、尊敬して、科学の最先進国、文明国はドイツだと見ていた。まあ、偉大《いだい》な哲学者《てつがくしゃ》もいっぱいいたしね。

「アメリカは、自動車工業とか製鉄業とか、金儲《かねもう》けはやっているけど、文明的には、まだまだそれほど尊敬するほどのものを生み出していない」と、日本のほうは見ていたと思うんだよな。それで、ドイツのほうは、「工業力もあるけど、精神的な面でも優《すぐ》れている」ってことで、ドイツのほうに判定をあげた。

せっかくアメリカが、日露《にちろ》戦争で仲介《ちゅうかい》の労を執《と》ったのに、（日本は）グーッとアメリカのほうに擦《す》り寄っていかないで、ドイツ寄りのスタンスを改めなかったわね。

「日本を痛い目に遭《あ》わせたい」と考えていたアメリカ

櫻井よしこ守護霊　それと、アメリカは、ちょうど孤立《こりつ》主義に入っていた。「モンロー主義」といって、一国孤立主義に入って、「アメリカは介入しない」というようなことをやってたところもある。

まあ、アメリカも、「独立戦争をして、イギリスから独立した」みたいなのがあったから、国民世論《せろん》としては、「あんまり、ヨーロッパとの戦争に巻き込まれたくはない」っていう気持ちもあったと思うんだ。

戦後の日本の、「もう、戦争はしたくない」っていう気持ちと似たようなものかもしらんけども、「あんまり巻き込まれたくはないな」「ヨーロッパの覇権《はけん》戦争、力比べに巻き込まれずに、アメリカの繁栄を享受《きょうじゅ》したい」っていう気持ちがあって、自国の繁栄に集中したところはあると思うんだけどね。

でも、だんだん西のほうに行くと、フロンティアがなくなってきて、ハワイを取り、そしてフィリピンまで来たところで、もう次は、「台湾《たいわん》を取るか、朝鮮《ちょうせん》半島を取るか、満州を取るか」というあたりのところやったけど、全部、日本に先に取られとったわけです。

香港《ホンコン》はイギリスに取られとったけども、アメリカは、「台湾を取るか」っていうところがあったし、いやあ、朝鮮半島は、別に日本じゃなくて、アメリカに取られてた可能性もあるわけです。

その前に立ちはだかってるのが日本列島だからね。やっぱり、日本列島をパッシングして、朝鮮半島を支配するのは、そんなに簡単なことではないわなあ。どうしても、これが「目の上のたんこぶ」やな。

あと、中国大陸だって、アメリカも植民地にしたかったのは事実だと思うけども、やっぱり、日本がいて、立ちはだかってる感じがあったから、これは、どうしても、「一回負かしてやらないかんかな」っていう感じはあったね。

日本のほうから下手《したて》に出て「協調して、協力してやりましょう」って言ってくれるならええんやけど、戦争で勝って、あんまりいい気になっとるからさあ。それは、「一回、土俵で叩《たた》きのめしてやらんかったらいかんな」っていうことで、「痛い目に遭《あ》わせたろうか」っていう気持ちは持っていた。このへんの策士が、フランクリン・ルーズベルトあたりだと思うんだけどなあ。

まあ、このへんは、もう、実に政治外交の難しいところがあるんじゃないかねえ。

世界が抱《かか》えている「厳しい覇権《はけん》争い」

櫻井よしこ守護霊　また、第一次大戦を境にして、第二次大戦に移るあたりのところで、もう一回、ドイツが最強になりかかった。第一次大戦で敗れたあと、もう一回、ヒトラーで盛り返してきて、最強になっていこうとしているところで、次は、イギリスからアメリカに覇権《はけん》が移った。あのころに移ったんだよね。

だから、「世界の覇権がどう移るか」っていうのは、ものすごく大事なことなんですよ。

今は、中国が覇権戦争に乗り出してこようとしている。その前はソ連だったよな。ソ連対アメリカだったけど、次は、中国が乗り出してきて、アメリカは、これに持ち堪《こた》えられるか、あるいは、中国のご機嫌《きげん》取りのほうに回るか、今、これが接近遭遇《そうぐう》中だよな、日本を絡《から》めてね。もし、この外交でチョンボをした場合には、当然、大きな代償《だいしょう》が出てくるわな。

さらに、次の覇権国としては、インドとか、まだ幾《いく》つかあるかもしらんし、今、ロシアも、また復活する可能性がないわけではないしね。

いや、今は、実に厳しいところに来てると思うよ。

そういう意味では、私がまだ生きて、あと何年働けるかは分からんし、そう長くはないかもしらんけども、この日本が、二〇二〇年ぐらいまでに間違った方向に行かないよう、ずーっとしっかり見て、目をパーッとおっ広《ぴろ》げて見ておきたいなあっていう気持ちはあるねえ。

8　幸福実現党への「厳しいエール」

「戦《いくさ》」になっていない幸福の科学の政治運動

綾織　先ほど、幸福の科学や幸福実現党への期待も述べてくださったのですが、地上の櫻井さんは、若干《じゃっかん》、幸福実現党と距離《きょり》を取られているところもあります。

それは、おそらく、主張が、あまりにも近いので、やりにくさを感じていらっしゃるからではないかとも思うのですが、ただ、守護霊様は期待を表明してくださいました。

そこで、日本の未来の鍵《かぎ》を握《にぎ》っている幸福実現党に対し、今の戦い方や、これまでの戦い方をご覧になって、軍人としての智謀《ちぼう》もあられる守護霊様からアドバイスを頂ければと思います。

櫻井よしこ守護霊　うーん。まあ、政治的な運動としては、やや期待外れではあったわなあ。もう少し頑張《がんば》ってほしかったわねえ。「ここまで弱いとは知らなかった」っていう……。

綾織　言論としては、影響《えいきょう》を与《あた》えていると思いますが……。

櫻井よしこ守護霊　弱いわねえ。あんたがたの選挙の弱さっていうのは、もう、落胆《らくたん》させるには十分なものがあるわね。

大川隆法さん個人で戦ってる分には、けっこうお強いところもあるんですけど、弟子《でし》たちの動員をかけたときの、この弱さは涙《なみだ》ものだね。はっきり言って、これでは戦《いくさ》にならないんじゃないですか。

だから、逆に、私たちのような言論人から言えば、距離を上手に取らないと、一緒《いっしょ》になって、旅順港《りょじゅんこう》内に沈《しず》んでしまいそうな感じがしないわけではない。

それだったら、「自分で長く戦ったほうがましかいな」っていう感じはするわなあ。

選挙に負ける理由は、「宗教に対する偏見《へんけん》」だけではない

綾織　まともな「戦《いくさ》」にするためには、何をポイントにして変えていけばよいと思われますか。

櫻井よしこ守護霊　いや、こっちが訊《き》きたいよ。

まあ、おそらく、大きくは、今の、戦後日本の宗教に対する偏見《へんけん》もあるんだろ

うとは思うけど、それだけではないなあ。

やっぱり、弟子のほうのクオリティの問題があるんじゃないかねえ。クオリティ的に、第一線に出して戦わせて、「すごいなあ」と言わせるほどの人がいないんじゃないですか。

ちょっと情けないねえ。つまり、弟子に、関羽《かんう》や張飛《ちょうひ》に当たるような人がいないんではないですかねえ。

綾織　いないこともないと思うのですけれども……。

櫻井よしこ守護霊　いや、いないんですよ。代わりに出て戦わなきゃいけないのに、先生に戦わせている時点で、大川隆法さん一人に責任を負わせてるんですよ。

だから、幸福の科学が攻撃《こうげき》を受けるときには、私が頭をぶっ飛ばされたときみたいに、総裁の首をぶっ飛ばすことを狙《ねら》ってくるでしょう（注。守護霊の広瀬中《ひろせちゅう》佐《さ》はロシア軍から頭部に砲弾《ほうだん》を受け、戦死した）。実際に、オウムが、大川総裁の暗殺を狙った事件もあるじゃないですか。ねえ？　そのとおりでしょうよ。生物兵器か、サリンか、VXガスか知らんけど、そんなもので、総裁そのものを暗殺してしもうたら、幸福の科学なんて、こんなものは、ただの烏合《うごう》の衆《しゅう》、〝蟻《あり》の軍隊〟だと思ってる。

まあ、それが、彼らの分析《ぶんせき》でしょうけども、「マスコミの分析」も、それにかなり近いのは事実なので、ほかの目からも、そう見えてるっていうことだな。

これは、やっぱり、弟子のほうの問題やと思うねえ。

まあ、もう少し年を取れば、もうちょっと年配の弟子が頑張るようになるのかもしらんですけどね。

逆に、私らが年を取ったのかもしらんな。私らはもう、齢《よわい》七十に近づいてるし、あとの言論人も八十代にいってるので、それから見れば、若く見えるから頼《たよ》りなく見えてるのかもしらん。ただ、それも時間の問題で、二十年か三十年かすれば、違《ちが》うのかもしらんですけどねえ。

いや、オウムとの戦いのときも、弟子を（討論番組に）出して、やったけど、あまりに情けないんでね。もう泣きそうになるぐらい情けなかったよね。「あんな邪悪《じゃあく》な、犯罪教団をやり込《こ》められなかった」っていうことに対して、やっぱり、反省すべきだと思う。ちょっと弟子は駄目《だめ》だね。

弟子が駄目すぎるので、総裁のほうにまで嫌疑《けんぎ》がかかると思うんですよ。「総裁のほうに、人を育てる力がないのではないか」と疑われるので、それだったら、一人でやってるほうが、よっぽど目立ってるし、攻撃力があるわ。

マスコミが「幸福の科学」を無視する本当の理由

櫻井よしこ守護霊　君ら弟子は、もう本当に、日比谷《ひびや》公会堂の野外音楽堂へ集まって、報道もされないデモを雨のなかでやったり、報道もされないオスプレイ賛《さん》成《せい》のデモをやったりするけど、そういう動員力も、まあ、ほとんど自分らで歩くだけしかやれてないじゃない？

でも、マスコミは、それを、単に無視してるだけではないと思うのよ。出しても、みんなが、その意見について、「ほう、面白《おもしろ》いな」と思わないからね。出したくなるような人がいないのも事実だから、ここについては謙虚《けんきょ》に反省したほうがいいんと違うかねえ。

言論人になるような人がいないもん。

まあ、（弟子のなかには）月刊「Ｗ《ウ》ｉ《ィ》Ｌ《ル》Ｌ」とかに書いてる人もいたけど、あの程度では、はっきり言って、まだプロでは食っていけないレベルだわね。その程度の人しかいないっていうことは残念だ。

あんたがたは、今回の都知事選には出なかったみたいだけど、「出したって、どうせ、一万数千から五万ぐらいしか票は取れない。だったら、出たほうが、かっこ悪い」っていうぐらいのことなんでしょう。「その程度の人材しか持ってない」っていうことは、やはり、残念だわねえ。

だから、これは、総裁の値打ちを下げる力としてしか働いてないので、結局、原始仏教と一緒で、弟子は、乞食坊主《こじきぼうず》の集まりみたいになっているんじゃないの？　人材的に、そういう、托鉢《たくはつ》向きの人ばかりいるんじゃないの？　自分で戦えないんじゃないの？　稼《かせ》げないんじゃないの？　どうなのかね。

自分で独立して、戦って稼げるような人が弟子になっておれば、仕事はするはずだけど？　どうなんだかねえ。

綾織　その意味では、広瀬中佐のような、「命は惜《お》しくないんだ」という覚悟《かくご》のある弟子が、どれだけ出てくるかということですけれども……。

櫻井よしこ守護霊　みんな、ほとんど、「大川さんが、やる気をなくしたり、病気をしたり、まあ、死んだりしたら、パーッと雲散霧消《うんさんむしょう》する教団だ」と思ってるんじゃないの？

まあ、これは、思想的に近い者が〝きつい意見〟を言ってるから、ちょっと申し訳ないとは思うけど……。

ある意味では、このまま行くと、君らの戦い方……、いや、あなたがたの戦い方を分析するかぎりでは、乃木《のぎ》将軍の旅順攻撃のような感じだな。

乃木は指揮が下手で、屍累々《しかばねるいるい》になり、大勢の人を死なせたけど、大川さん自身も、ああいう、へぼい指揮官に見えてしまうね、「組織戦」をやった場合にはね。

「個人戦」をやった場合には、立派な言論人としてやれるのは分かってるけど、組織戦の場合は、逆に、ただただ突撃《とつげき》を繰《く》り返して、敵の機関銃《きかんじゅう》の乱射を浴びて死んでいってるような感じに見えなくはないよね。策がない。だから、あんまり弟子を出すと、〝点数〟が下がっていっているように見えてしょうがないので、まあ、ちょっと考えどきだね。ある意味でね。うーん。

綾織　はい。分かりました。

9　櫻井よしこ氏の「魂《たましい》のルーツ」を探《さぐ》る

鎌倉《かまくら》時代の終わりに、「楠木《くすのき》兵法」で戦った者の一人

綾織　ご自身の魂《たましい》の歴史として、「日本神道《しんとう》の歴史が長い」というお話がありましたので、もし、広瀬《ひろせ》中佐《ちゅうさ》以前のご経験で、明らかにしてくださるようなところがあれば、お教えいただけますでしょうか。

櫻井よしこ守護霊　うーん。そうだねえ。「お国のために、いろいろ尽《つ》くした」というような気持ちはあるね。

まあ、（過去世《かこぜ》は）幾《いく》つかあるので、どれがいいか分からないけども、どのあ

たりが分かりやすいかなあ。そうだねえ。どのあたりを言うと分かりやすいかなあ。

綾織　やはり、いろいろな戦《いくさ》を経験されているのでしょうか。

櫻井よしこ守護霊　そうだね。君らに分かる……、いや、あなたがたに分かるような者を探すとしたら、まあ、古代もあるが、それはちょっと古いので、もう少し前のところだと、そうやねえ……。うーん。いろいろな「武将」とか、「将」とか、そんなのは、たくさんいたから、日本人の記憶《きおく》には、必ずしも残ってはおらんかもしらんけども……。どれだったら分かってもらえるかなあ。

その前になると、ちょうど、鎌倉《かまくら》時代の終わりぐらいになるのかなあ。

鎌倉時代の終わりぐらいで、まあ、楠木《くすのき》家に何人か人材がいたとは思うけどもね。

そのときには、乃木《のぎ》さんも出てはおったんだが（注。乃木希典《まれすけ》の過去世は楠木正成《まさしげ》と推定される。『秋山《あきやま》真之《さねゆき》の日本防衛論』〔幸福実現党刊〕参照）、私も、「楠木兵法」で、いろいろと戦った者の一人ではあるわなあ。

綾織　楠木正成と、同じころの戦い

千早《ちはや》城の戦い（千早城合戦図）
1332年、楠木正成と鎌倉幕府との間に起こった戦い。楠木勢は、わずか1000人の兵ながら、幕府方に、崖から石や丸太を落としたり、油をかけて火を放ったりするなど、奇策をもって抵抗。倒幕に大きく貢献した。

で……。

櫻井よしこ守護霊　そうそうそう。まあ、その一党だな。一族で一緒《いっしょ》に戦った。けっこう、そういう、「皇国《こうこく》思想」が強かったあれだがね。「七生報国《しちしょうほうこく》」は、楠木正成の言葉だからね。つまり、「思想的には、それに近い」ということだな。それは言える。

平安期には「女性」として生まれていた

櫻井よしこ守護霊　あと、もう少し前では、平安期ぐらいになれば、女性もいたことはいたかな。

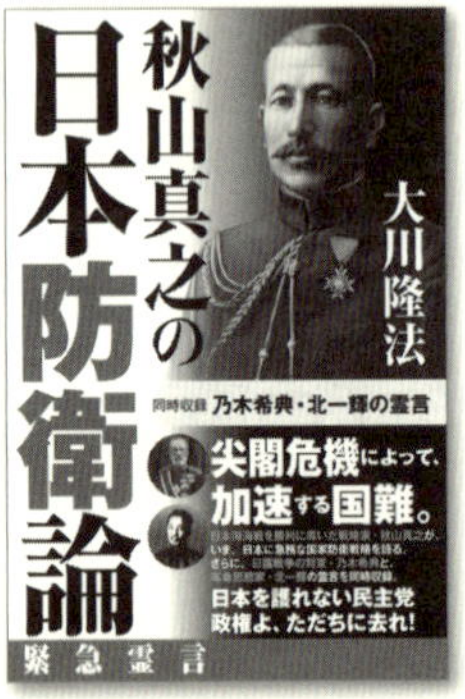

『秋山真之の日本防衛論』（幸福実現党）第2章に「乃木希典の霊言」を所収。

綾織　では、そのときに、和歌など、いろいろな教養を身につけられたわけですね。

櫻井よしこ守護霊　うん。当時は、いろいろな権力者たちが、何とか天皇家の外戚《がいせき》になろうと思って、宮中に女性を送り込《こ》んでたけど、そういう女性の一人では出たかな。

まあ、あなたがたが、どこまでご存じか知らんが、あの前後の物語のなかには、モデルになったような者もいるかもしらんなあ。

当時、関白《かんぱく》とかが、娘《むすめ》を押《お》し込んでおったでしょう。まあ、そんな者の一人としては有名ではあるけど、女性というのは、名前があまり残らんからな。「誰《だれ》それの娘」とか、そんなのしか残らないから、あんまり、あれだけど……。

まあ、もっとはっきり言えば、「道長《みちなが》」に関係はある。おそらく、そのへんの古典で、名前が出てくると思うけどなあ（注。藤原《ふじわらの》道長の長女で一条《いちじょう》天皇の皇后となった「藤原彰《しょう》子《し》」と思われる）。

そういう意味で、さっき、「言葉がきれい」と言うてくれたけども、「言霊《ことだま》の世界」は経験があるわけです。

「女性ジャーナリズムのもと」としては、そうした和歌が詠《よ》めたりするようなところにも、少し関係はあるかねえ。まあ、そういうことです。

そういう意味での権力に近いところにいたこともあるかなあ。

藤原彰子（988 ～ 1074）
彰子は、『源氏物語』の作者である紫式部、『栄花物語』の作者と伝えられる赤染衛門などを従え、華やかな文芸サロンを形成した（上図右の人物）。

「白村《はくすきの》江《え》の戦い」に参加していた古代の転生《てんしょう》

櫻井よしこ守護霊　もう一つ前だったら、古代では、朝鮮《ちょうせん》出兵したときに一緒に行ったような気はするな。でも、これは男性だったかなあ。

綾織　神功《じんぐう》皇后と一緒に行かれているのでしょうか。

櫻井よしこ守護霊　うーん。「白村《はくすきの》江《え》の戦い」に参加して……。

綾織　ああ、白村江のほうですか。

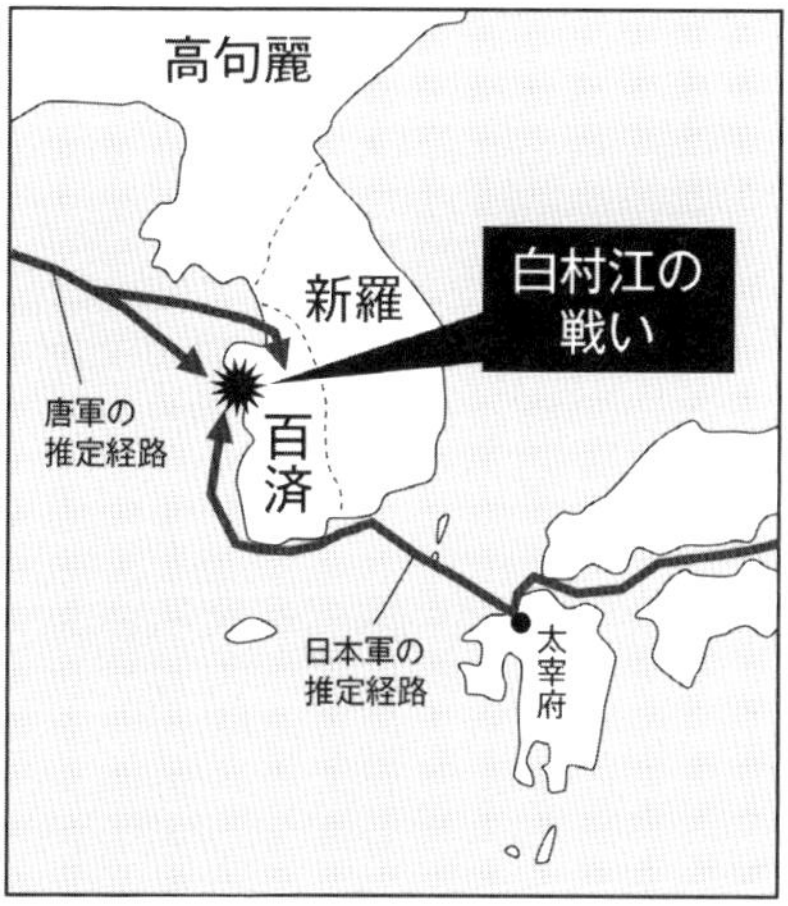

白村江の戦い　663年に朝鮮半島の白村江で行われた、日本・百済連合軍と唐・新羅連合軍との戦い。

櫻井よしこ守護霊　中大兄皇子《なかのおおえのおうじ》（後の天智天皇《てんじ》）とかが、だいぶ苦戦されましたけどね。一緒に戦いに行った記憶はありますねえ。もっと昔もないことはなくて、もっと昔までいけば、それは、八百万《やおよろず》の神々のなかの一柱《いっちゅう》としては、いるとは思いますけどね。

今世《こんぜ》、海外に生まれた理由とは

綾織　今世《こんぜ》は、お生まれがベトナムでいらっしゃって、ハワイにも行かれたということですが、「日本神道一直線」ではなく、海外も経験されたことには、どういう意味があるのでしょうか。

櫻井よしこ守護霊　いやあ、だから、「太平洋は、日本のものになる」と信じとったもんでな。

綾織　ああ、そうですか（笑）。なるほど。

櫻井よしこ守護霊　あれはみんな、日本の領土になるものだと思うておった。「環《かん》太平洋は、日本圏《けん》になる」と、八紘一宇《はっこういちう》を信じて生まれたもんでして……。

綾織　では、ベトナムも含《ふく》めて……。

櫻井よしこ守護霊　ああ。ベトナムも、それから、ハワイも、日本のものになるものだと思うておったもんで、そういうところには、少し誤算があったかもしらんけれども。まあ、「多少、英語も勉強して、世界に意見を言えるような人間になりたい」と思うておったんでね。

言語に関しては、魂的に、長所として自信のあるところがあるもんでね。

武田　はい。

幸福実現党と距離《きょり》を取っている「真意」

武田　（他の質問者に）よろしいですか。

本日は、さまざまなアドバイスを頂きまして、本当にありがとうございました。

櫻井よしこ守護霊　まあ、あなたがたからは、少し距離《きょり》があるように見えるかもしらんけども、あなたがただって、私に対して、少し距離を取ってるように見えるから、お互《たが》いさまだと思うのよね。

もう、この年の〝老女狐《ろうめぎつね》〟になると、なかなか老獪《ろうかい》だから、使えないでしょう？

あんたがたの駒《こま》の一つとして使ったろうったって、なかなか……。年を食った、婆《ばあ》さんだから、「ザ・リバティ」だって、なかなか使えんでしょう。

綾織　ぜひ、一緒にお仕事をさせていただきたいと思っています。

櫻井よしこ守護霊　思うように操《あやつ》ったろうったって、なかなか老獪だから、言うことをきかないんでね。

綾織　いえ、操るつもりはありません。

櫻井よしこ守護霊　きっと、あんたが惚《ほ》れるぐらいの女でなきゃあ駄目《だめ》なんだろう。なあ？

綾織　いや、素敵《すてき》な女性だと思います。

櫻井よしこ守護霊　だから、まあ、もう少し若いのを狙《ねら》うしかないな。若い女性で、頭角《とうかく》を現してくるやつあたりにアタックして、手懐《てなず》けるといいわ。

綾織　いえいえ。

櫻井よしこ守護霊　私ぐらいになったら、もう固まってるから変えようがないよ。

綾織　うーん。

櫻井よしこ守護霊　「妙《みょう》な色が付いた」というように言われるのも、癪《しゃく》に障《さわ》るしね。

武田　ただ、考え方は、非常に近いと思いますので……。

櫻井よしこ守護霊　近いだろうよ。

武田　ぜひ、この日本を、誇《ほこ》れる、素晴らしい国にすべく、一緒に国づくりをさせていただければと思います。

櫻井よしこ守護霊　私の仲間たちには、私の過去世が広瀬だと知ったら、感激する人がたくさん出てくるに決まっておるからねえ。

武田　はい。

櫻井よしこ守護霊　ぜひ、何か〝封鎖《ふうさ》作戦〟をやってみたいものだねえ。

武田　そうですね。

櫻井よしこ守護霊　おお。

武田　では、本日は、まことにありがとうございました。

10　櫻井よしこ氏守護霊インタビューを終えて

霊言《れいげん》のなかで「印象的」だった言葉

大川隆法　（二回、手を叩《たた》く）はい。

事前に調べなかったのですが、まさか、ああいう人が出てくるとは思いませんでした。

武田　そうですね。

大川隆法　「軍神《ぐんしん》」そのものですよね。戦前の教科書では軍神として書かれていた方です。

武田　教科書に載《の》っていました。

大川隆法　現代に軍神が出てきて、言論で戦っているんですね。

武田　そういうことですね。

大川隆法　面白《おもしろ》いことを言っていました。印象的なのは、「韓国《かんこく》や中国が私にテロを行うのなら、やってみい。私の像を建ててもらい、睨《にら》みつけてやる」と言っていたことです。

武田　（笑）

大川隆法　このあたりは面白いですね。

武田　そうですね。

国民的なヒーローやヒロインとして転生《てんしょう》している

大川隆法　あの人は、日本の軍神にもなりましたが、世界的にも、「勇敢《ゆうかん》だ」という意味で有名になり、世界の軍人たちから尊敬を受けた方《かた》ではあります。

彼は死ななくても済んだはずでした。彼は、「旅順港《りょじゅんこう》の出入り口を塞《ふさ》ぎ、旅順港を封鎖《ふうさ》するために、日本の古い艦船《かんせん》を沈《しず》める」という作戦に従事していたのですが、自分は無事に船から出たのに、部下が一人、船倉《せんそう》から帰ってこないので、船に戻《もど》り、何回も船内を探したのです。そして、その帰りがけに、やられてしまいました。

向こうのライトに照射され、撃《う》たれたらしいのです。おそらく頭を撃たれたのではないかと言われています。

広瀬中佐《ひろせちゅうさ》のことは歌になったりして、彼はなかなか有名であり、戦前は国民的ヒーローだった方だと思います。

今も、ある意味で、櫻井さんが国民的ヒロインとして頑張《がんば》っているのではないかと思うのです。

こういうかたちで転生《てんしょう》されているのでしょうかね。

この方には、最後は〝突撃《とつげき》〟や〝自爆《じばく》〟をも辞さないところがあると思います。

それが、(今回の意見広告を掲《かか》げて)こういう、突撃のような自爆型の広告になるのでしょう。

この広告では、「原発をやめたら、どうなるのか」という、当会が言っている論点は、きちんと押《お》さえています。

武田　そうですね。

大川隆法　日本の場合、エネルギー自給率が低いだけではなく、近くには、北朝鮮《きたちょうせん》や韓国、中国といった、原子炉《げんしろ》や原子力発電所を持った国があります。それから、核《かく》兵器を中国も北朝鮮も持っています。

「日本は、そういうところに囲まれているのに、原子力を捨ててよいのか。それは非現実的だ。昔のムラ社会や鎖国社会に戻りたいようだと、危ないぞ」とい

17ページに前掲の意見広告

うことで、「明治の精神を忘れるな」と言いたいところなのでしょうか。

「なぜ私は戦い続けられるのか」の答えとは

大川隆法　私は、広瀬中佐の本は持っているのですが、あまり読んでいません。知ってはいるけれども、本を読んでいて、「頭ごと吹《ふ》っ飛んだ人の霊が出てきたら、どうしようか」と思うからです。

私の場合、本を読むと、意識が同通し、その人の霊がすぐにやってくることがよくあるのですが、首なしの方《かた》の霊が、夜、教祖殿《きょうそでん》を徘徊《はいかい》したりしたら、嫌《いや》なものでしょう。

徳島《とくしま》県には、首なしの幽霊《ゆうれい》の伝説があり、特に旧・川島町《かわしまちょう》（現・吉野川《よしのがわ》市）にあるのですが、「夜行《やぎょう》さん」といって、「夜、首がない馬（首切れ馬）に乗っている幽霊が出る」という伝説があるのです。

そういうイメージもあって、私は広瀬中佐の本を持ってはいるのですが、「この人は、死後、どのような世界に行っているのだろうか」と思うと、何となく入《い》れ込《こ》めませんでした。「『英雄《えいゆう》なのだろう』とは思いたいけれども、不成仏《ふじょうぶつ》か成仏か、それが分からない」という思いを持ってはいたのですけれども、この方は相変わらず戦い続けているようです。

今日は、よい題を付けましたね。「なぜ私は戦い続けられるのか」という題は、内容にぴったりで、そのとおりでした。答えは「軍神だから」ということです。「軍神は、戦うしかないのである」ということですね。

私は、櫻井さんについて、よく存じ上げているわけではないので、すべてを描くことはできなかったかもしれませんし、女性として素晴《すば》らしい面について、今日は十分な〝取材〟ができなかったというか、ご報告できなかった点については、まことに残念なところが残ったかもしれないので、ご本人がこの霊言《れいげん》を読んで、受け入れてくださるかどうかは知りません。

ただ、当会の判定は、こういうものでした。

お友達の言論人のみなさんは、おそらく、「ほう、やっぱりねえ。そのくらいの人だとは思いましたよ」と、おっしゃるのではないかと思います。

「日本のお役に立っておられる、神々の一柱《いっちゅう》である」と信じたいと考えています。

武田　はい。

大川隆法　ありがとうございました。

質問者一同　ありがとうございました。

あとがき

現代では知る人も数少なくなっているだろうが、日露戦争を深く勉強した人なら誰もが知っている旅順口閉塞《りょじゅんこうへいそく》作戦の英雄・広瀬武夫中佐（当時海軍少佐）が櫻井よしこ氏の過去世の一つであり、現に守護霊を務めている魂であった。

第一回旅順口閉塞隊、全五隊のうちの第二閉塞隊の指揮官である。旗艦《きかん》三笠《みかさ》の後甲板では東郷司令長官や親友の秋山真之《さねゆき》少佐も盛んに帽子を振って見送ってくれた。

広瀬武夫の壮挙《そうきょ》と死が伝えられた時、巖谷《いわや》小波《さざなみ》は軍歌を作り次の言葉で始めている。

「一、神州男児《しんしゅうだんじ》（子）数あれど、男児の中《うち》の真男児、世界に示す鑑《かがみ》とは、広瀬中佐の事ならん」

新聞は彼を「軍神」と呼び、幾つかの軍歌が作られたが、最も人口に膾炙《かいしゃ》しているのは、小学校教科書にも載った「広瀬中佐の歌」だろう。

「とどろく砲音《つつおと》　飛びくる弾丸《だんがん》
荒波あらう　デッキの上に
闇をつらぬく　中佐の叫び
『杉野はいずこ、杉野はいずや』
（中略）
今はとボートに　移れる中佐
とびくる弾丸《たま》に　たちまち失《う》せて

旅順港外《こうがい》　うらみぞ深き
軍神広瀬と　その名のこれど」

櫻井よしこさんのような方が今も戦い続けておられる理由を考えるに、やはり日本は国防の危機の中にあるのだろう。日本の軍神のことを「テロリスト」と呼ぶことが、今の中国・韓国の「正しい歴史認識」とかいう洗脳のことなのだろう。

日本は立派な国であったし、今も立派な国である。日本の誇りを取り戻すことこそ、最重要課題である。

二〇一四年　二月四日

幸福《こうふく》の科学《かがく》グループ創始者兼総裁《そうししゃけんそうさい》　大川隆法《おおかわりゅうほう》

『なぜ私は戦い続けられるのか』大川隆法著作関連書籍

『NHK新会長・籾井勝人守護霊本音トーク・スペシャル』（幸福の科学出版刊）
『安重根は韓国の英雄か、それとも悪魔か』（同右）
『釈量子の守護霊霊言』（幸福実現党刊）
『原爆投下は人類への罪か？』（同右）
『秋山真之の日本防衛論』（同右）

なぜ私《わたし》は戦《たたか》い続《つづ》けられるのか

――櫻井よしこの守護霊インタビュー――

2014年2月14日　初版第1刷

著　者　　大《おお》　川《かわ》　隆《りゅう》　法《ほう》

発行所　　幸福の科学出版株式会社

〒107-0052 東京都港区赤坂2丁目10番14号
TEL(03)5573-7700
http://www.irhpress.co.jp/

印刷・製本　株式会社 東京研文社

落丁・乱丁本はおとりかえいたします

ISBN978-4-86395-439-7 C0030
写真：時事／Bundesarchiv, N 1310 Bild-048

大川隆法 霊言シリーズ・マスコミのあり方を検証する

NHK新会長・籾井勝人《もみいかつと》守護霊 本音トーク・スペシャル

タブーにすべてお答えする

「NHKからマスコミ改革の狼煙を上げたい！」いま話題の新会長が公共放送の問題点に斬り込み、テレビでは言えない本音を語る。

1,400円

池上彰の政界万華鏡

幸福実現党の生き筋とは

どうする日本政治？ 憲法改正、原発稼働、アベノミクス、消費税増税……。人気ジャーナリストの守護霊が、わかりやすく解説する。

1,400円

ニュースキャスター 膳場貴子のスピリチュアル政治対話

守護霊インタビュー

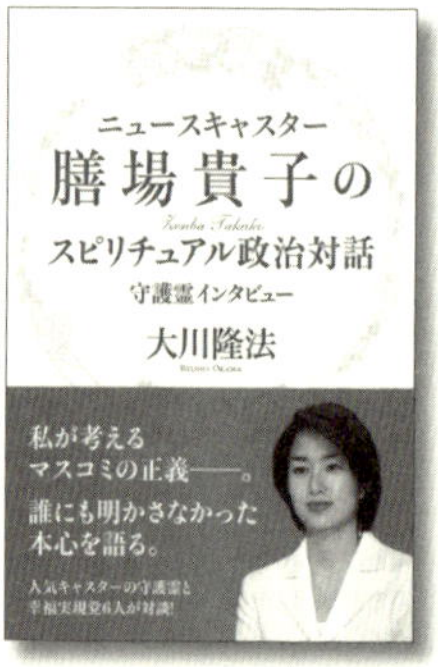

この国の未来を拓くために、何が必要なのか？ 才色兼備の人気キャスター守護霊と幸福実現党メンバーが、本音で語りあう。

【幸福実現党刊】

1,400円

※表示価格は本体価格（税別）です。

大川隆法霊言シリーズ・マスコミの本音を直撃

ナベツネ先生 天界からの大放言

読売新聞・渡邉恒雄会長 守護霊インタビュー

混迷する政局の行方や日本の歴史認識への見解、さらにマスコミの問題点など、長年マスメディアを牽引してきた大御所の本心に迫る。

1,400円

朝日新聞はまだ反日か

若宮主筆の本心に迫る

日本が滅びる危機に直面しても、マスコミは、まだ反日でいられるのか!? 朝日新聞・若宮主筆の守護霊に、国難の総括と展望を訊く。

1,400円

「WiLL」花田編集長守護霊による「守護霊とは何か」講義

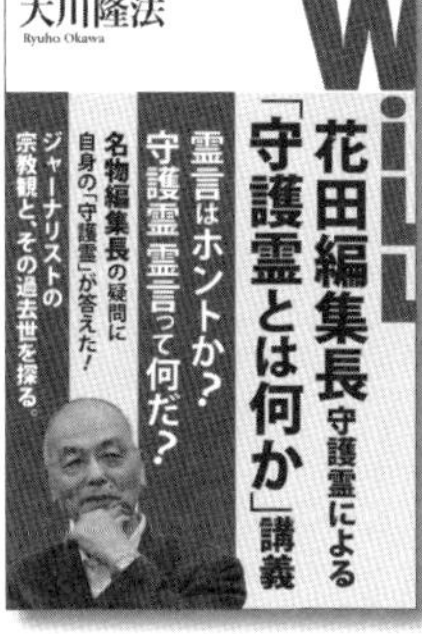

霊言がわからない──。誰もが知りたい疑問にジャーナリストの守護霊が答える！ 宗教に対する疑問から本人の過去世までを、赤裸々に語る。

1,400円

幸福の科学出版

大川隆法 霊言シリーズ・日本の国防を考える

秋山真之の日本防衛論

同時収録 乃木希典・北一輝の霊言

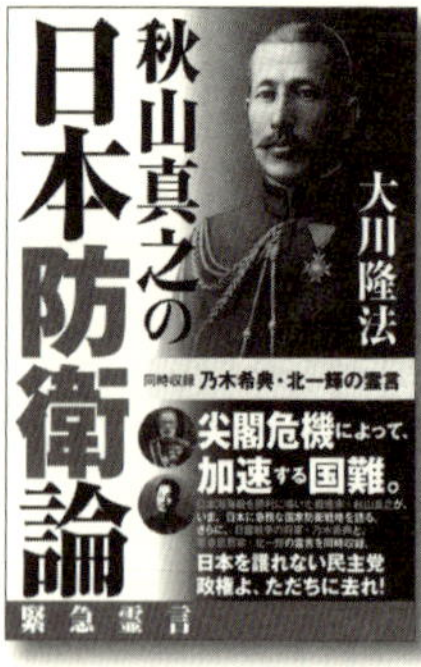

日本海海戦を勝利に導いた天才戦略家・秋山真之が、国家防衛戦略を語る。さらに、日露戦争の将軍・乃木希典と、革命思想家・北一輝の霊言を同時収録!　【幸福実現党刊】

1,400円

保守の正義とは何か

公開霊言
天御中主神・昭和天皇・東郷平八郎

日本神道の中心神が「天皇の役割」を、昭和天皇が「先の大戦」を、日露戦争の英雄が「国家の気概」を語る。

1,200 円

日本武尊の国防原論

緊迫するアジア有事に備えよ

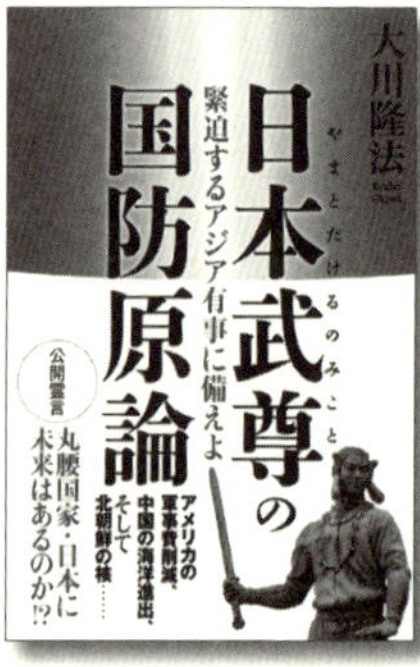

アメリカの衰退、日本を狙う中国、北朝鮮の核――。緊迫するアジア情勢に対し、日本武尊が、日本を守り抜く「必勝戦略」を語る。
【幸福実現党刊】

1,400円

※表示価格は本体価格(税別)です。

大川隆法ベストセラーズ・「幸福の科学大学」が目指すもの

新しき大学の理念

「幸福の科学大学」がめざす
ニュー・フロンティア

2015 年、開学予定の「幸福の科学大学」。日本の大学教育に新風を吹き込む「新時代の教育理念」とは？ 創立者・大川隆法が、そのビジョンを語る。

1,400 円

「経営成功学」とは何か

百戦百勝の新しい経営学

経営者を育てない日本の経営学!? アメリカをダメにしたMBA──!? 幸福の科学大学の「経営成功学」に託された経営哲学のニュー・フロンティアとは。

1,500 円

「人間幸福学」とは何か

人類の幸福を探究する新学問

「人間の幸福」という観点から、あらゆる学問を再検証し、再構築する──。数千年の未来に向けて開かれていく学問の源流がここにある。

1,500 円

「未来産業学」とは何か

未来文明の源流を創造する

新しい産業への挑戦──「ありえない」を、「ありうる」に変える！ 未来文明の源流となる分野を研究し、人類の進化とユートピア建設を目指す。

1,500 円

幸福の科学出版

大川隆法ベストセラーズ・「幸福の科学大学」が目指すもの

湯川秀樹のスーパーインスピレーション

無限の富を生み出す「未来産業学」

イマジネーション、想像と仮説、そして直観──。日本人初のノーベル賞を受賞した天才物理学者が語る、未来産業学の無限の可能性とは。

1,500円

比較宗教学から観た「幸福の科学」学・入門

性のタブーと結婚・出家制度

同性婚、代理出産、クローンなど、人類の新しい課題への答えとは？ 未来志向の「正しさ」を求めて、比較宗教学の視点から、仏陀の真意を検証する。

1,500円

「現行日本国憲法」をどう考えるべきか

天皇制、第九条、そして議院内閣制

憲法の嘘を放置して、解釈によって逃れることは続けるべきではない──。現行憲法の矛盾や問題点を指摘し、憲法のあるべき姿を考える。

1,500円

恋愛学・恋愛失敗学入門

恋愛と勉強は両立できる？ なぜダメンズと別れられないのか？ 理想の相手をつかまえるには？ 幸せな恋愛・結婚をするためのヒントがここに。

1,500円

※表示価格は本体価格（税別）です。

大川隆法ベストセラーズ・未来への進むべき道を指し示す

忍耐の法

「常識」を逆転させるために

第１章　スランプの乗り切り方
——運勢を好転させたいあなたへ

第２章　試練に打ち克つ
——後悔しない人生を生き切るために

第３章　徳の発生について
——私心を去って「天命」に生きる

第４章　敗れざる者
——この世での勝ち負けを超える生き方

第５章　常識の逆転
——新しい時代を拓く「真理」の力

2,000円

法シリーズ第20作

人生のあらゆる苦難を乗り越え、夢や志を実現させる方法が、この一冊に——。混迷の現代を生きるすべての人に贈る待望の「法シリーズ」第20作！

「正しき心の探究」の大切さ

靖国参拝批判、中・韓・米の歴史認識……。「真実の歴史観」と「神の正義」とは何かを示し、日本に立ちはだかる問題を解決する、2014年新春提言。

1,500円

幸福の科学出版

大川隆法 霊言シリーズ・最新刊

堺雅人の守護霊が語る 誰も知らない「人気絶頂男の秘密」

個性的な脇役から空前の大ヒットドラマの主役への躍進。いま話題の人気俳優・堺雅人の素顔に迫る110分間の守護霊インタビュー!

1,400円

舛添要一のスピリチュアル「現代政治分析」入門 ―守護霊インタビュー―

国政、外交、国際政治―。国際政治学者・舛添要一氏の守護霊が語る現代政治の課題と解決策。鋭い分析と高い見識が明らかに!

1,400円

日本外交の盲点

外交評論家
岡崎久彦守護霊メッセージ

日米同盟、中国・朝鮮半島問題、シーレーン防衛。外交の第一人者の守護霊が指南する「2014年 日本外交 」の基本戦略! 衝撃の過去世も明らかに。

1,400円

※表示価格は本体価格(税別)です。

大川隆法霊言シリーズ・最新刊

守護霊インタビュー タイ・インラック首相から日本へのメッセージ

英語霊言
日本語訳付き

民主化を妨げる伝統仏教の弊害。イスラム勢力による紛争。中国の脅威──。政治的混乱に苦しむインラック首相守護霊からのメッセージとは。

1,400円

ハイエク「新・隷属への道」

「自由の哲学」を考える

消費増税、特定秘密保護法、中国の覇権主義についてハイエクに問う。20世紀を代表する自由主義思想の巨人が天上界から「特別講義」!

1,400円

ネルソン・マンデラ ラスト・メッセージ

英語霊言
日本語訳付き

人種差別と戦い、27年もの投獄に耐え、民族融和の理想を貫いた偉大なる指導者ネルソン・マンデラ。死のわずか6時間後の復活インタビュー!

1,400円

幸福の科学グループのご案内

宗教、教育、政治、出版などの活動を通じて、地球的ユートピアの実現を目指しています。

宗教法人　幸福の科学

一九八六年に立宗。一九九一年に宗教法人格を取得。信仰の対象は、地球系霊団の最高大霊、主エル・カンターレ。世界百カ国以上の国々に信者を持ち、全人類救済という尊い使命のもと、信者は、「愛」と「悟り」と「ユートピア建設」の教えの実践、伝道に励んでいます。

（二〇一四年二月現在）

愛

幸福の科学の「愛」とは、与える愛です。これは、仏教の慈悲《じひ》や布施《ふせ》の精神と同じことです。信者は、仏法真理をお伝えすることを通して、多くの方に幸福な人生を送っていただくための活動に励んでいます。

悟り

「悟り」とは、自らが仏の子であることを知るということです。教学《きょうがく》や精神統一によって心を磨き、智慧《ちえ》を得て悩みを解決すると共に、天使・菩薩《ぼさつ》の境地を目指し、より多くの人を救える力を身につけていきます。

ユートピア建設

私たち人間は、地上に理想世界を建設するという尊い使命を持って生まれてきています。社会の悪を押しとどめ、善を推し進めるために、信者はさまざまな活動に積極的に参加しています。

国内外の世界で貧困や災害、心の病で苦しんでいる人々に対しては、現地メンバーや支援団体と連携して、物心両面にわたり、あらゆる手段で手を差し伸べています。

年間約３万人の自殺者を減らすため、全国各地で街頭キャンペーンを展開しています。

公式サイト **www.withyou-hs.net**

ヘレン・ケラーを理想として活動する、ハンディキャップを持つ方とボランティアの会です。視聴覚障害者、肢体不自由な方々に仏法真理を学んでいただくための、さまざまなサポートをしています。

公式サイト **www.helen-hs.net**

INFORMATION

お近くの精舎・支部・拠点など、お問い合わせは、こちらまで！

幸福の科学サービスセンター

TEL. 03-5793-1727 (受付時間 火〜金：10〜20時／土・日：10〜18時)

宗教法人 幸福の科学 公式サイト happy-science.jp

教育

学校法人 幸福の科学学園

学校法人 幸福の科学学園は、幸福の科学の教育理念のもとにつくられた教育機関です。人間にとって最も大切な宗教教育の導入を通じて精神性を高めながら、ユートピア建設に貢献する人材輩出を目指しています。

幸福の科学学園

中学校・高等学校（那須本校）

2010年4月開校・栃木県那須郡（男女共学・全寮制）

TEL **0287-75-7777**

公式サイト **happy-science.ac.jp**

関西中学校・高等学校（関西校）

2013年4月開校・滋賀県大津市（男女共学・寮及び通学）

TEL **077-573-7774**

公式サイト **kansai.happy-science.ac.jp**

幸福の科学大学（仮称・設置認可申請予定）

2015年開学予定

TEL **03-6277-7248**（幸福の科学 大学準備室）

公式サイト **university.happy-science.jp**

仏法真理塾「サクセスNo.1」 TEL **03-5750-0747**（東京本校）

小・中・高校生が、信仰教育を基礎にしながら、「勉強も『心の修行』」と考えて学んでいます。

不登校児支援スクール「ネバー・マインド」 TEL **03-5750-1741**

心の面からのアプローチを重視して、不登校の子供たちを支援しています。
また、障害児支援の「**ユー・アー・エンゼル!**」運動も行っています。

エンゼルプランV TEL **03-5750-0757**

幼少時からの心の教育を大切にして、信仰をベースにした幼児教育を行っています。

シニア・プラン21 TEL **03-6384-0778**

希望に満ちた生涯現役人生のために、年齢を問わず、多くの方が学んでいます。

NPO 活動支援

学校からのいじめ追放を目指し、さまざまな社会提言をしています。また、各地でのシンポジウムや学校への啓発ポスター掲示等に取り組むNPO「いじめから子供を守ろう！ネットワーク」を支援しています。

公式サイト **mamoro.org**

ブログ **mamoro.blog86.fc2.com**

相談窓口 **TEL.03-5719-2170**

政治

幸福実現党

内《ない》憂《ゆう》外《がい》患《かん》の国難に立ち向かうべく、二〇〇九年五月に幸福実現党を立党しました。創立者である大川隆法党総裁の精神的指導のもと、宗教だけでは解決できない問題に取り組み、幸福を具体化するための力になっています。

党員の機関紙
「幸福実現NEWS」

TEL 03-6441-0754
公式サイト hr-party.jp

出版 メディア 事業

幸福の科学出版

大川隆法総裁の仏法真理の書を中心に、ビジネス、自己啓発、小説など、さまざまなジャンルの書籍・雑誌を出版しています。他にも、映画事業、文学・学術発展のための振興事業、テレビ・ラジオ番組の提供など、幸福の科学文化を広げる事業を行っています。

大川隆法著作シリーズ

アー・ユー・ハッピー？
are-you-happy.com

ザ・リバティ
the-liberty.com

幸福の科学出版
TEL 03-5573-7700
公式サイト irhpress.co.jp

入会のご案内

あなたも、幸福の科学に集い、
ほんとうの幸福を
見つけてみませんか？

幸福の科学では、大川隆法総裁が説く仏法真理をもとに、
「どうすれば幸福になれるのか、また、
他の人を幸福にできるのか」を学び、実践しています。

入会

大川隆法総裁の教えを信じ、学ぼうとする方なら、どなたでも入会できます。入会された方には、『入会版「正心法語」』が授与されます。（入会の奉納は1,000円目安です）

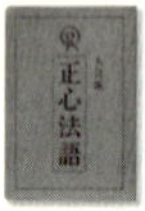

ネットでも**入会**
できます。詳しくは、
下記URLへ。
happy-science.jp/joinus

三帰《さんき》誓願《せいがん》

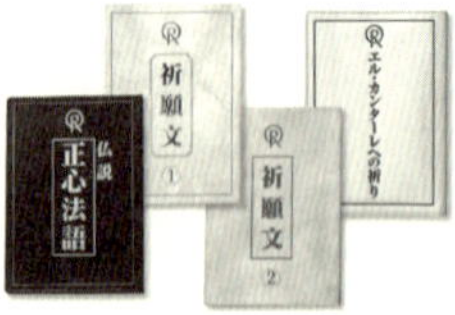

仏弟子としてさらに信仰を深めたい方は、仏・法・僧の三宝への帰依を誓う「三帰誓願式」を受けることができます。三帰誓願者には、『仏説・正心法語』『祈願文①』『祈願文②』『エル・カンターレへの祈り』が授与されます。

植福《しょくふく》の会

植福は、ユートピア建設のために、自分の富を差し出す尊い布施の行為です。布施の機会として、毎月1口1,000円からお申込みいただける、「植福の会」がございます。

「植福の会」に参加された方のうちご希望の方には、幸福の科学の小冊子（毎月1回）をお送りいたします。詳しくは、下記の電話番号までお問い合わせください。

月刊
「幸福の科学」

ザ・伝道

ヤング・ブッダ

ヘルメス・
エンゼルズ

INFORMATION

幸福の科学サービスセンター
TEL. 03-5793-1727（受付時間 火〜金：10〜20時／土・日：10〜18時）
宗教法人 幸福の科学 公式サイト **happy-science.jp**